Alice Durand / Robbert

Raz de données

L'impact du numérique sur l'environnement

DELACHAUX
ET NIESTLÉ

SOMMAIRE

Pas vu, pas pris !

Combien d'entreprises se vantent aujourd'hui de ne plus générer le moindre déchet papier ? D'offrir des bureaux qui, privés de tout classeur, sont lisses et propres ? De ne jamais remplir leurs poubelles ?

Pourtant, ces acteurs sont-ils vraiment aussi verts qu'ils le prétendent ? Vaut-il mieux jeter dix feuilles de papier par jour ou un ordinateur tous les deux ans, un scanner tous les trois ans et un disque dur externe tous les cinq ans ? Cela mérite réflexion...

En effet, le numérique n'est sans doute pas aussi dématérialisé qu'on le prétend. Tentons une petite expérience : allez chercher les dispositifs numériques* présents chez vous. Vous avez pris votre ordinateur ? Très bien ! Mais n'oubliez pas votre modem, votre télévision, votre téléphone portable, votre appareil photo, peut-être même votre radio, votre montre, vos enceintes, votre réveil ou encore votre imprimante. Et pourquoi pas votre réfrigérateur tant qu'on y est ? Bientôt, le volume obtenu sera considérable.

Et puis il y a aussi la partie immergée de l'iceberg : les réseaux et les *data centers* ! Quand vous consultez un mail, ce ne sont pas seulement deux ordinateurs qui entrent en jeu : toute une infrastructure est nécessaire.

Veuillez à présent éteindre vos téléphones portables et laissez vos dispositifs connectés au vestiaire : on vous embarque dans les coulisses du numérique, pour un moment de lecture qui sera un acte écologique à double titre !

* Les dispositifs numériques sont des appareils qui utilisent des caractères (par exemple des chiffres) ou des signaux à valeurs discrètes (ouvert ou fermé par exemple) pour représenter des informations ou des grandeurs physiques. Ils s'opposent au dispositifs analogiques qui emploient la variation continue d'une grandeur physique (la hauteur et la largeur du sillon d'un disque vinyle par exemple).

Virtuel mais bien réel

Le numérique s'invite chez vous

Dans le jargon technologique, on les appelle des « terminaux ». De quoi s'agit-il exactement ? De tous les appareils numériques qui sont présents dans les habitations, les bureaux, etc.

UN INVITÉ ENVAHISSANT

Si en 2016, on comptait 5,3 équipements numériques par personne en Europe occidentale, ce chiffre est passé à près de 9 en 2021[1] : une augmentation drastique ! Et les Français sont bien au-dessus de ces moyennes... Mais de quels dispositifs parlons-nous exactement ?

LES ÉCRANS ET LE MATÉRIEL AUDIOVISUEL

Les écrans, du fait de leur grand nombre (en 2019, ils étaient déjà 3,1 milliards dans le monde), sont sans conteste les équipements qui ont le plus d'impact sur l'environnement. Par ailleurs, plus ils sont grands, plus les conséquences sont importantes ; or, leur taille moyenne ne cesse d'augmenter !

LES ORDINATEURS, LES TABLETTES ET LEURS ACCESSOIRES (CLAVIERS, IMPRIMANTES, SOURIS, ETC.).

De même que pour les écrans (puisqu'ils en comportent un !), leur incidence environnementale est prépondérante.

LES TÉLÉPHONES.

Contrairement à ce que l'on pourrait penser, leur impact n'est pour l'instant pas majoritaire. En effet, comme ils sont de petite taille, leur fabrication nécessite moins de matières premières. Gare cependant à leur renouvellement incessant ! Plus de 1,4 milliard de smartphones ont été vendus dans le monde en 2021[3].

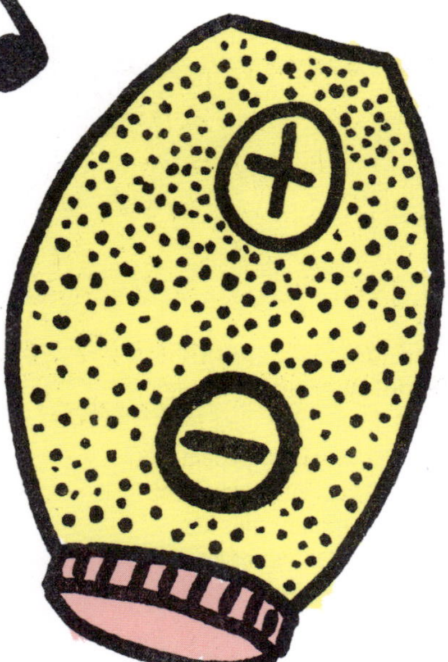

LES OBJETS CONNECTÉS

(dits aussi équipements « IoT », pour *Internet of things* qui signifie « Internet des objets »). Montres, balances, enceintes, volets, alarmes... La liste est longue et ne cessera sans doute de croître. En France, en 2022, 35 % des plus de 12 ans possédaient au moins un objet connecté[4] .

Les réseaux

Les réseaux, ce sont l'ensemble des équipements qui permettent d'échanger de l'information numérique.

LES RÉSEAUX COMPRENNENT

1 Les satellites,
2 Les box, routeurs, modem, etc.,
3 Les antennes,
4 Les câbles (câbles en cuivre, fibre optique, etc.).

FIXES OU MOBILES ?

On distingue les réseaux fixes (xDSL, FFTx), qui transportent l'information à travers des câbles, des réseaux mobiles (2G, 3G, 4G, 5G), composés d'un réseau d'antennes-relais qui couvrent le territoire et délivrent les données sous forme d'ondes radio. Globalement, en France, les réseaux fixes ont un impact environnemental plus important que les réseaux mobiles. Cependant, ils transportent davantage de données (plus de dix fois plus[5]) : si l'on rapporte cet impact à la quantité de données transportées, celui des réseaux fixes est beaucoup moins important. Il est d'ailleurs conseillé de **se connecter au réseau fixe (via le wifi par exemple) plutôt qu'à la 4G (réseau mobile)** dès que cela est possible. Pour une même tâche, la 4G consommerait trois fois plus d'énergie que le wifi[1].

LES DERNIERS KILOMÈTRES

Qu'il s'agisse de réseaux fixes ou mobiles, ce sont les « derniers kilomètres », c'est-à-dire les réseaux qui acheminent l'information jusqu'à l'utilisateur final, qui nécessitent le plus d'équipements[2]. En effet, **ils ne sont partagés que par très peu d'utilisateurs** : il en faut donc davantage ! À l'inverse, comme les liaisons internationales sont communes à l'ensemble des habitants des pays concernés, elles sont moins nombreuses. On retrouve le même schéma pour la livraison des colis à domicile !

4

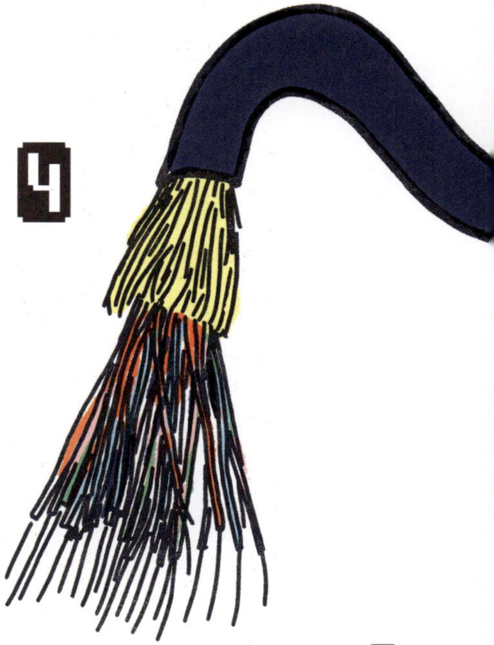

3

LES RÉSEAUX FIXES

xDSL : l'information est transmise grâce au réseau de cuivre également utilisé pour les appels téléphoniques traditionnels.

FFTx : les données sont transportées sous forme de signaux lumineux. Elles se déplacent à la vitesse de la lumière dans une fibre optique. À l'heure actuelle, cette technologie se déploie de manière importante, pour aller jusqu'au domicile des utilisateurs.

Les *data centers*

Les centres de données (en français) sont des centres de stockage et de traitement des données. Ils assurent également la connectivité du réseau, c'est-à-dire sa capacité à être connecté.

DES BIBLIOTHÈQUES DE DONNÉES CLIMATISÉES

Les *dates centers* sont composés de baies de stockage, de serveurs, de routeurs, de processeurs, de toutes sortes de câbles, mais également de tous les équipements techniques annexes nécessaires à leur fonctionnement, à leur sécurité et à leur résilience* (climatiseur, générateur de secours, filtre à air, etc.).

* C'est sa capacité à fonctionner, même en cas de panne. Cela permet un fonctionnement 24h/24 et 7 j/7.

Ils sont très souvent pointés du doigt pour leur impact environnemental. Ce dernier est principalement lié à leur **consommation électrique**, qu'elle soit due aux serveurs ou aux autres équipements. En effet, le fonctionnement de tous ces appareils à l'intérieur d'un même bâtiment dégage de grandes quantités de chaleur, qui nuisent à leur fonctionnement. Il faut donc à tout prix faire baisser la température, parfois à grands coups de climatiseurs, ce qui est très énergivore !

VEUILLEZ DÉCLINER VOTRE PUE

Le PUE (pour *power usage effectiveness*, « indicateur d'efficacité énergétique ») compare l'énergie utilisée par l'ensemble du *data center* à celle utilisée par les équipements informatiques de ce *data center* :

$$\text{PUE} = \frac{\text{Énergie totale consommée par le } \textit{data center}}{\text{Énergie consommée par les équipements informatiques}}$$

Exemple : un PUE de 2,5 signifie que lorsque le *data center* consomme 2,5 wattheures, seul 1 wattheure est utilisé par les équipements informatiques, le 1,5 wattheure restant étant employé pour refroidir, assurer la sécurité, etc.
Il est donc préférable que le PUE soit le plus petit possible. Attention, le PUE ne prend pas en compte la réutilisation de la chaleur dégagée (pour le chauffage urbain, par exemple) ou l'utilisation d'énergie renouvelable.

Chacun sa part du gâteau !

La plus grande partie de l'impact environnemental du numérique est due aux terminaux des utilisateurs, c'est-à-dire à nos appareils (ordinateurs, téléphones et autres), en raison de leur très grand nombre.

Les *think tanks* – aussi appelés laboratoires d'idées en français – sont des groupements d'experts qui réfléchissent sur de grandes problématiques sociétales, afin de faire des propositions aux décideurs. Green IT est l'un d'entre eux. Il œuvre pour un numérique plus respectueux de l'environnement. En 2019, il a publié un rapport[2] qui avançait qu'au niveau mondial, les parts de responsabilité des différents éléments constituant le numérique (terminaux, réseaux et data centers) dans les impacts environnementaux étaient les suivantes :

	Émissions de gaz à effet de serre	Épuisement des ressources minérales	Consommation d'énergie	Consommation d'eau
Terminaux	63 %	75 %	60 %	83 %
Réseaux	22 %	16 %	23 %	9 %
Data centers	15 %	8 %	17 %	7 %

RESPONSABILITÉ RELATIVE DES TERMINAUX, DES RÉSEAUX ET DES *DATA CENTERS* DANS LES IMPACTS DU NUMÉRIQUE AU NIVEAU MONDIAL EN 2019.

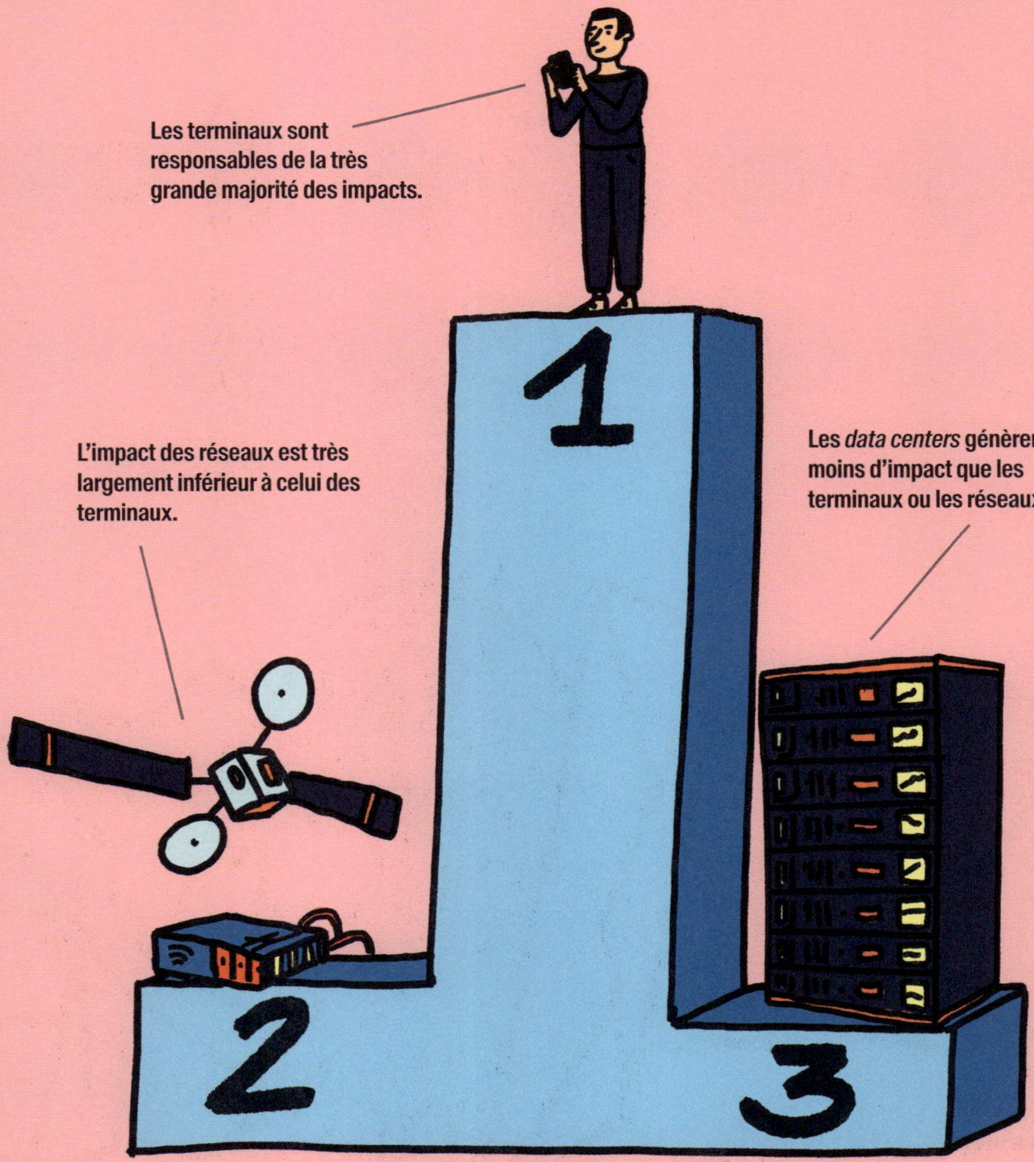

IMPACT PERSONNEL OU PROFESSIONNEL ?

Une étude de l'Ademe et de l'Arcep a montré qu'en France, si l'usage professionnel joue un rôle prépondérant dans l'impact des *data centers*, c'est l'usage personnel qui est le principal responsable de l'impact des terminaux et des réseaux (notamment à cause de la vidéo en ligne). En d'autres termes, cela signifie que, par notre consommation de terminaux (et, à moindre échelle, par l'utilisation que nous en faisons), nous sommes très largement responsables de l'impact du numérique, en particulier sur l'épuisement des ressources minérales et fossiles, ainsi que sur le changement climatique.

Les mémoires d'Octet

4G
ADSL
FIBRE

Qui est Octet ?

Il pose sa signature sur chaque fichier : 34 ko, 4 636 ko, 25 Mo, etc. On le voit également souvent apparaître dans les vitesses de transfert : 5 Mo/s, 30 Mo/s, etc. Vous entendez donc beaucoup parler de lui, mais le connaissez-vous vraiment ?

UNE QUANTITÉ DE DONNÉES

Derrière ce « o », souvent précédé d'une petite lettre indiquant sa puissance (« k », « M », « G », etc.), se cache un petit être informatique nommé Octet, qui n'est autre que la quantité de données.

Grâce à lui, on peut exprimer 256 valeurs et cela suffit amplement à coder tous les caractères de l'alphabet latin, les accents, les chiffres et la ponctuation. Pourquoi 256 ? Parce qu'**Octet est composé de 8 bits** pouvant chacun prendre deux valeurs (0 ou 1). On a donc bien 2 × 2 × 2 × 2 × 2 × 2 × 2 × 2, soit 2^8, c'est-à-dire 256 combinaisons.

Puisqu'Octet contient 8 bits, c'est-à-dire 8 fois la valeur 0 ou 1, un fichier ayant un volume de 10 000 octets contiendra 80 000 bits. Mais ces bits seront regroupés en paquets de 8, histoire de pouvoir s'exprimer avec 256 mots (00000001, 00000010, 00000100, etc.) plutôt qu'avec 2 (0 ou 1).

[
QU'EST-CE QU'UN BIT ?
Un bit est une information qui ne peut prendre que deux valeurs (appelées « 0 » et « 1 »). Ces dernières correspondent à deux états d'un dispositif (ouvert ou fermé, par exemple). Le bit est la plus simple des unités de quantité d'informations.
]

OCTET DÉMULTIPLIÉ

Sachez que chaque fois qu'Octet est précédé de la lettre « k » (pour kilo), il faut le multiplier par 1 000. Lorsqu'il suit la lettre « M » (pour méga), il faut le multiplier par 1 000 000. Et lorsque c'est un « G » (pour giga) qui le devance, il faut lui ajouter 9 zéros* !

* Mais pour compliquer la chose, certains appareils considèrent que 1 kilooctet vaut 1 024 octets, 1 mégaoctet 1 048 576 octets et 1 gigaoctet 1 073 741 824 octets... Il s'agit en fait de kilos binaires octets (kio), de mégas binaires octets (Mio), etc. Ils sont employés parce qu'il est plus facile pour les informaticiens d'utiliser des nombres qui correspondent à une puissance de 2 (puisque le système numérique informatique est binaire). Or 1 024 = 2^{10}.

Octet nous permet de mieux connaître la taille des fichiers que nous générons. Par exemple, celle d'un fichier texte sera souvent de l'ordre de quelques dizaines de kilooctets (10 000 o), tandis que celle d'une image sera plutôt exprimée en mégaoctets (1 000 000 o). Enfin, un film nécessitera souvent un ou plusieurs gigaoctets (1 000 000 000 o). La **généralisation de la consommation de vidéo à la demande**, qui implique le transport de très grandes quantités de données, est donc particulièrement problématique d'un point de vue environnemental.

La circulation des données

Qu'ilvoyage pour un mail, un téléchargement, une vidéo ou une requête web, Octet parcourt en moyenne 15 000 km[1] (souvent en à peine quelques secondes). Quand on sait que 10 à 12 milliards de mails sont échangés en 1 heure dans le monde (sans compter les spams)[1], on voit qu'on a tout intérêt à trouver un moyen de transport efficace pour Octet !

OCTET VOYAGE

Chaque fois que vous faites une recherche sur Internet, que vous vous servez d'un GPS, que vous envoyez un e-mail ou que vous utilisez une messagerie instantanée, vous expédiez Octet pour **un long voyage à travers les réseaux**.

Au cours de ses périples, il emporte toujours avec lui une adresse IP, qui lui permet de savoir où se rendre. Cependant, comme cette adresse est uniquement composée de chiffres (« 8.46.53.60 », par exemple), elle est difficile à retenir. On lui donne donc un nom plus facilement mémorisable par les humains (www.razdedonnees.org, par exemple), que l'on appelle « nom de domaine ». Une sorte d'annuaire établit la correspondance entre les adresses IP (faites de chiffres) et les adresses que nous tapons dans le moteur de recherche : c'est le DNS (**Domain Name System**, « système de noms de domaine »).

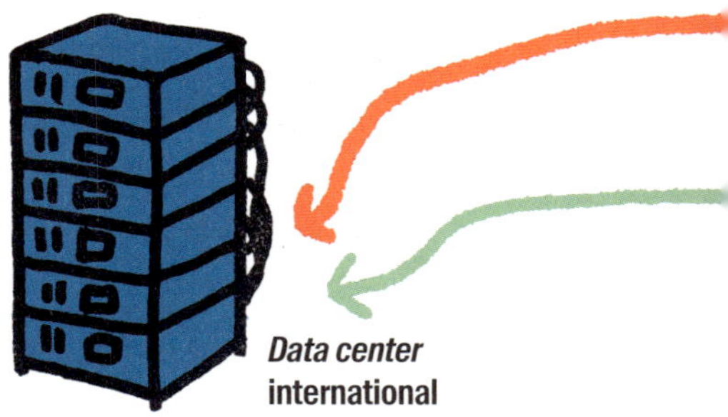

Pour que le voyage ne soit pas trop pénible, **Octet optimise le trajet** en le faisant recalculer en permanence. Il évite ainsi les zones où le réseau est en panne ou en travaux.

Il peut également choisir le réseau fixe (trajet en vert) ou le réseau mobile (trajet en orange). Lorsqu'il se déplace via le réseau fixe, Octet prend en général la forme d'un signal électrique (xDSL) ou encore d'un signal optique (FTTx). En revanche, quand il circule via le réseau mobile (4G, par exemple), sa forme est le plus souvent celle d'une onde électromagnétique.

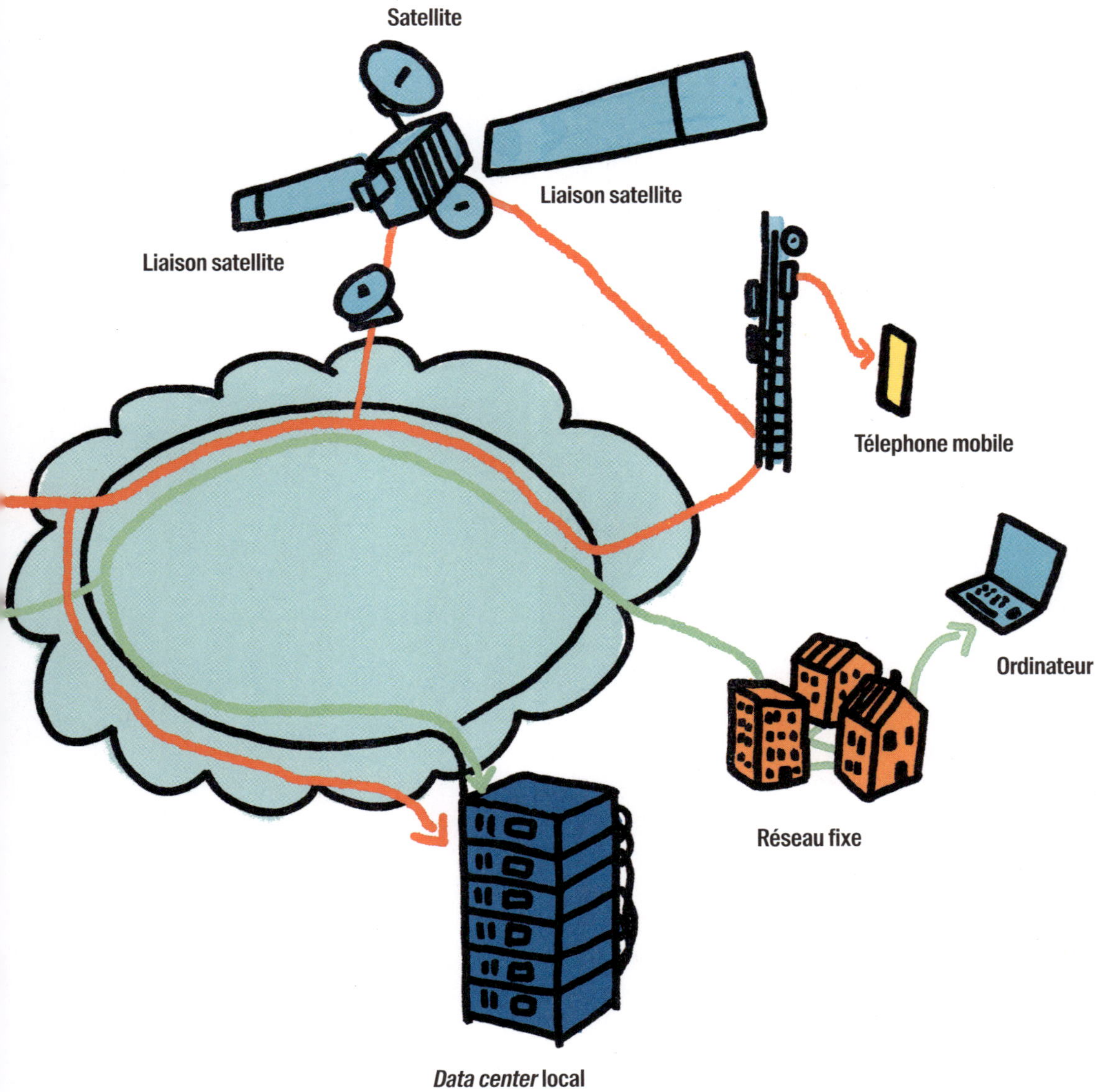

45 % du trafic allant d'un *data center* vers un terminal français provienent de *data centers* situés en France.

Le stockage des données

Si vous n'êtes pas un pro du nettoyage informatique, vous conservez certainement la plupart des données informatiques que vous générez (historiques de mails, photos, documents texte, etc.). Il vous faut donc héberger des octets de plus en plus nombreux. Mais où ?

LA MAISON D'OCTET

Parfois, Octet établit tout simplement sa résidence chez vous, dans votre appareil. On appelle cela le **stockage local**. Octet est alors inscrit dans la mémoire de votre terminal. C'est par exemple le cas des données des fichiers (textes, photos ou vidéos) placés dans le dossier « C » des ordinateurs sous Windows, ou encore des photos qui se trouvent dans la galerie de votre téléphone. C'est plutôt une bonne chose, car dans ce cas Octet ne sollicite pas l'infrastructure du réseau et des *data centers*. Il ne consomme ainsi que très peu d'énergie puisqu'il n'a pas besoin de voyager. Pour lui, il suffit en quelque sorte d'aller de la chambre au salon. C'est un Octet (presque) écolo !

D'autres fois, Octet vit **dans des serveurs**, plus ou moins proches de votre domicile. Vos mails y sont par exemple conservés, tout comme les films que vous regardez en streaming ou les documents que vous stockez dans le *cloud*. Dans ce cas, Octet accourt jusqu'à vous dès que vous en faites la demande sur votre ordinateur. Que cet octet est docile ! Mais d'autant plus énergivore... Et oui, pour se déplacer, il faut de l'énergie !

LE DON D'UBIQUITÉ D'OCTET

Lorsque vous envoyez un mail, Octet se dirige d'abord jusqu'à votre serveur de messagerie. Là, magie de l'informatique, Il se dédouble : un exemplaire reste dans le serveur de votre messagerie tandis que son double est envoyé de votre serveur de messagerie vers celui du destinataire du mail. Octet attendra alors bien sagement que le destinataire se connecte pour se rendre jusqu'à son appareil.

Un mail, c'est donc deux fois plus de données (ou dix fois plus, si le mail a dix destinataires), mais également du transport de données et de l'espace occupé dans des *data centers*.

Pourtant, gardons à l'esprit les ordres de grandeur : l'utilisation des équipements numériques (qui comprend l'envoi de mails) a un impact environnemental très largement inférieur à celui de leur fabrication.

La vie secrète de votre smartphone

Dissection de votre smartphone

Pour savoir ce qu'il y a exactement dans votre smartphone, il nous faut pratiquer une dissection.

1 L'ÉCRAN
Il contient de l'indium, un métal rare ressemblant beaucoup à l'aluminium.

2 L'ANTENNE NFC,
Elle permet de communiquer et est très riche en cuivre.

DANS LES ENTRAILLES DE VOTRE SMARTPHONE

Les fabricants ne sont pas très loquaces au sujet de la composition de leurs smartphones, que ce soit à cause du fameux secret industriel ou en raison du grand nombre d'intermédiaires. Ils ne savent pas toujours exactement ce qu'il y a dans leurs appareils !

À l'heure actuelle, on dénombre environ **70 matériaux différents**[6] dans un smartphone, dont une cinquantaine de métaux (c'est deux fois plus que dans un téléphone ancienne génération !).

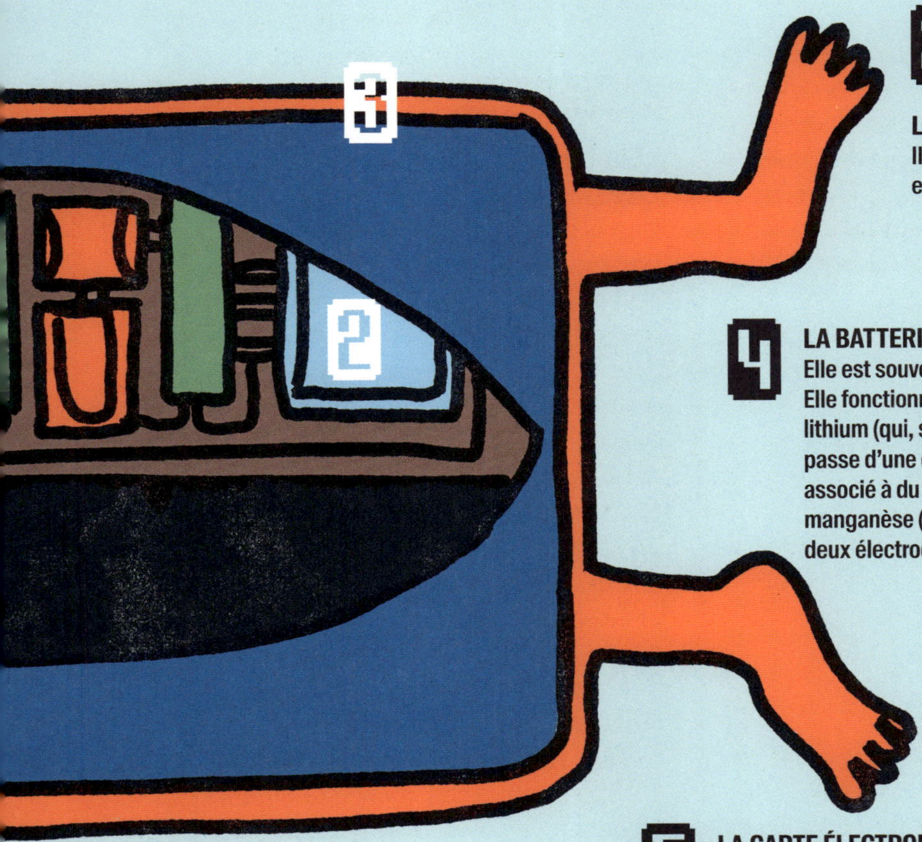

3

LE BOÎTIER

Il est constitué de plastiques et de matières synthétiques.

4

LA BATTERIE

Elle est souvent de type lithium-ion. Elle fonctionne alors grâce à du lithium (qui, sous forme d'ions, passe d'une électrode à l'autre), associé à du cobalt ou à du manganèse (qui constitue l'une des deux électrodes).

5

LA CARTE ÉLECTRONIQUE

C'est la partie qui comprend le plus de métaux : argent, cuivre, étain, or, platine, palladium, tantale, terres rares, tungstène, etc.
Ces derniers se trouvent la plupart du temps dans des alliages qui rendent difficile le recyclage. La carte électronique est aussi composée de plastique.

Des métaux et des maux

Un smartphone, c'est 40 à 60 % de métal. Ce chiffre n'est pas anodin, d'autant moins quand on sait que près de 1,5 milliard de ces téléphones sont vendus dans le monde chaque année...

TOUJOURS PLUS

Que ce soit pour le numérique ou pour d'autres utilisations, **notre consommation de métaux ne cesse de croître.** Or, la production des métaux induit une consommation d'énergie gigantesque ! En 2012, 10 % de la consommation énergétique mondiale était utilisée pour extraire, transporter ou raffiner des métaux. Ce chiffre pourrait atteindre 40 % en 2030[7].

Cette production implique également la **consommation de grandes quantités d'eau.** Cette dernière est nécessaire au broyage et à la concentration des métaux parfois présents en très faibles quantités dans la croûte terrestre. Les eaux ainsi utilisées deviennent par ailleurs toxiques et peuvent être à l'origine de pollutions si elles ne sont pas correctement stockées.

Il faut aussi prendre en compte l'impact de la production de métaux sur la qualité de l'air (à cause des poussières générées lors de l'extraction et du traitement des minerais) et sur celle des sols. Pour accéder au sous-sol, il faut en effet souvent détruire le sol.

Enfin, s'ils ne sont pas bien contrôlés, les écoulements issus des exploitations peuvent avoir des conséquences dramatiques (acidité, radioactivité, etc.). La faune et la flore pâtissent évidemment de ces impacts.

LOIN DES YEUX, POINT DE CŒUR !

Des études ont montré que ce n'est pas l'utilisation ou la fin de vie de nos portables qui crée les principaux impacts, mais leur fabrication. Or, avec l'augmentation des inquiétudes environnementales en Europe, ces impacts sont la plupart du temps externalisés, c'est-à-dire qu'ils surviennent **loin des pays occidentaux**, principaux consommateurs de smartphones. En effet, ceux-ci ne sont pas prêts à assumer l'implantation de mines sur leur sol. Cela pose des questions en matière d'environnement (puisque les normes occidentales permettraient en général un contrôle plus strict), mais également en ce qui concerne les conditions de travail (sécurité, santé, rémunération, travail des mineurs) et la stabilité géopolitique (lorsque le minerai provient de zones de conflit, par exemple).

Des terres rares en abondance

Les terres rares sont elles aussi des métaux. Mais contrairement à ce que leur nom indique, elles ne sont pas si rares que ça ! Elles sont même plutôt abondantes dans la croûte terrestre.

POURQUOI RARES ?

Leur nom est dû à leur **concentration qui est assez faible**, comme si elles étaient diluées dans le minerai. Cette faible concentration implique que ces terres rares sont plus difficiles à produire : leur traitement requiert davantage d'étapes. Or, à chaque étape, des effluents potentiellement polluants sont générés.

Quand on parle de terres rares, il s'agit en fait de **17 métaux différents** : le scandium, l'yttrium et 15 lanthanides (dont par exemple le néodyme, le praséodyme, le dysprosium et le terbium). Il s'agit parfois de sous-produits d'autres métaux, c'est-à-dire que ces terres rares ne sont pas toujours exploitées dans des mines spécifiques (on les récupère parfois dans les minerais issus de l'exploitation d'autres métaux, plus rentables d'un point de vue économique). En raison de leurs propriétés (notamment optiques et magnétiques), les terres rares sont **très utilisées dans le domaine numérique**.

TERRES DE MODERNITÉ

Si, à la fin du XIXe siècle, on n'utilisait qu'une dizaine de métaux (et aucune terre rare), on en exploite à l'heure actuelle environ 70 (dont les terres rares[7]). **En vingt ans, la consommation mondiale de terres rares a par ailleurs plus que doublé**[8]. Normal, quand on sait que chaque smartphone en contient en moyenne 3 grammes[8].

TERROSTRATÉGIE

Si l'abondance des terres rares ne fait pas craindre un épuisement des ressources à court ou à moyen terme, des risques existent cependant d'un point de vue géostratégique.

Les terres rares font ainsi **l'objet de tensions**. En 2010, la Chine assurait près de 95 % de la production de terres rares[7]. Les crises avec le Japon et les États-Unis ont impliqué une meilleure répartition de celle-ci : la Chine n'en produisait plus que 57 % en 2020[8]. En effet, l'exploitation du gisement de Mountain Pass a été relancée aux États-Unis, tout comme celui de Mount Welt en Australie, mettant à mal le quasi-monopole chinois.

Le tour du monde de votre smartphone

Avant d'atterrir dans vos mains, votre smartphone a souvent écumé de nombreux pays.

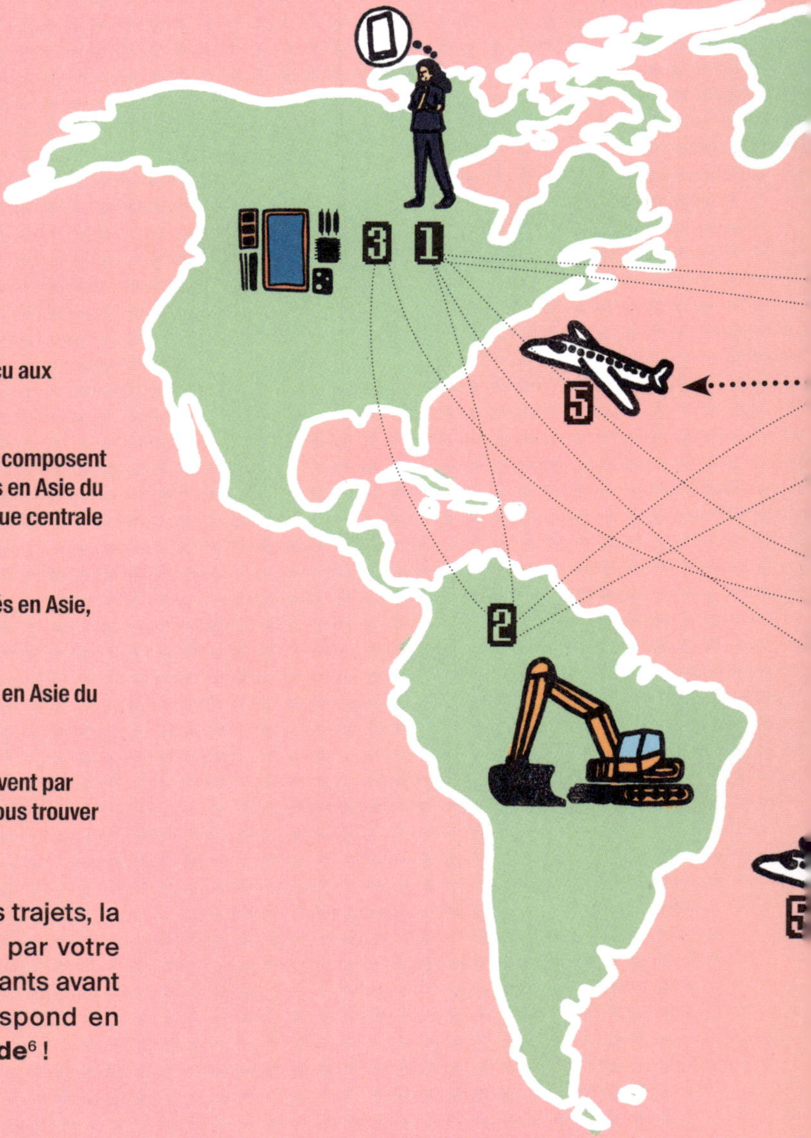

1. Il est la plupart du temps conçu aux États-Unis.
2. Les matières premières qui le composent sont extraites et transformées en Asie du Sud-Est, en Australie, en Afrique centrale et en Amérique du Sud.
3. Les composants sont fabriqués en Asie, aux États-Unis et en Europe.
4. Votre téléphone est assemblé en Asie du Sud-Est.
5. Il est enfin envoyé, le plus souvent par avion, vers vous (qui pouvez vous trouver n'importe où dans le monde).

Ainsi, si l'on cumule tous les trajets, la distance totale parcourue par votre smartphone et ses composants avant d'arriver chez vous correspond en moyenne à **4 tours du monde**[6] !

BONNE NOUVELLE
Le fabricant Crosscall prévoit d'implanter une usine de fabrication de smartphones sur le sol français en 2025. Cela représente un véritable défi puisqu'en 2022, seul le fabricant de téléphones intelligents à destination des déficients visuels Kapsys indiquait assembler ses appareils en France.

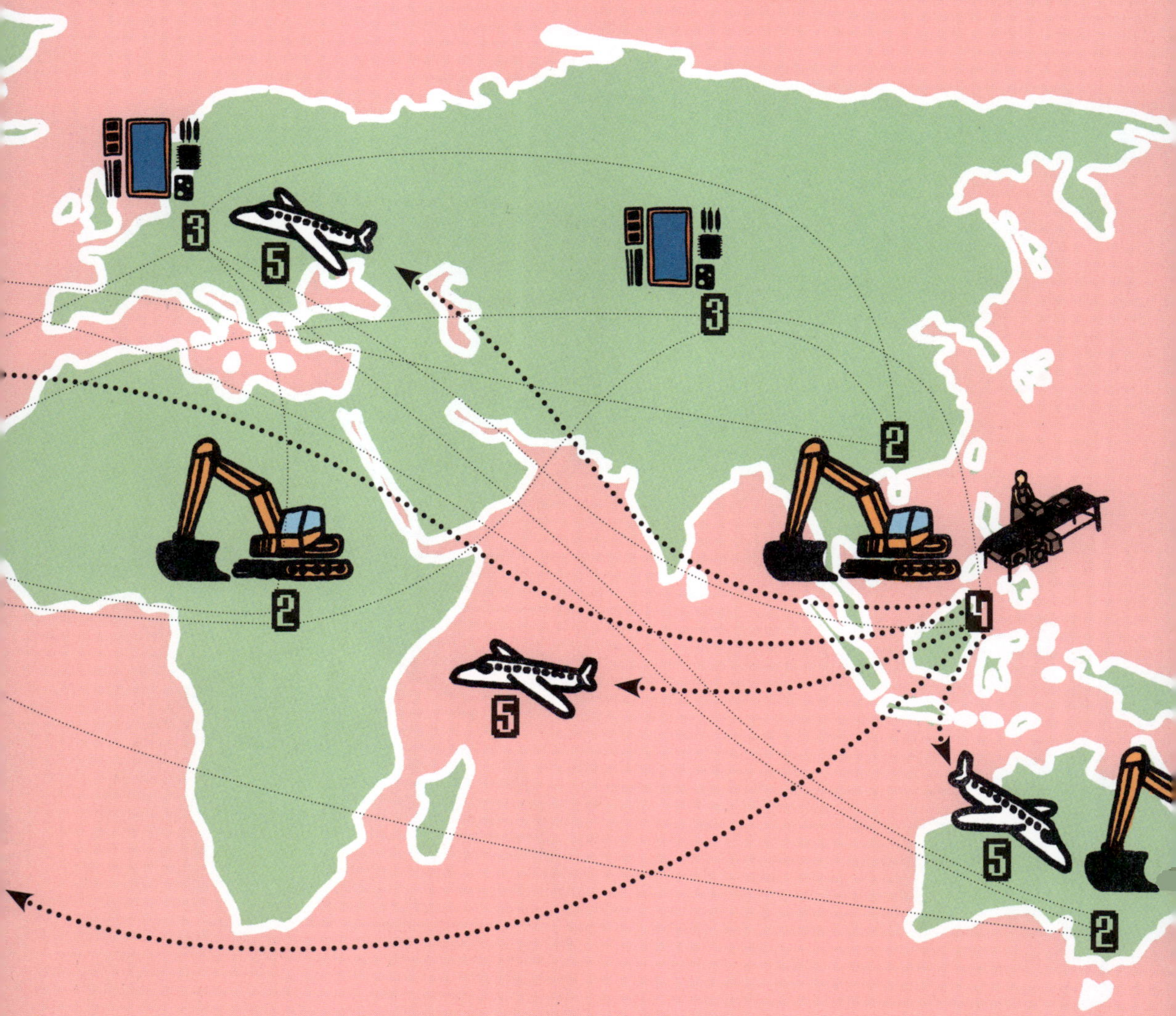

Qui aura la peau de votre smartphone ?

Avec tous ces impacts, vous vous dites sans doute que votre smartphone est un objet précieux, qui mérite bien de faire partie de votre vie pendant de nombreuses années. Et pourtant…

COMBIEN DE TEMPS ?

Un Français garde en moyenne son smartphone pendant… moins de trois ans[9] !

Encore un coup de l'obsolescence programmée, me direz-vous ! Mais oui, nous avons tous entendu parler de cette volonté qu'auraient les fabricants de faire en sorte que nos appareils ne fonctionnent pas trop longtemps : plus de deux ans (c'est la garantie d'un smartphone…), mais moins de trois ans, pour que vous en achetiez un nouveau le plus rapidement possible (en remplissant au passage les poches du fabricant). **Il s'agit cependant d'un délit depuis la loi de transition énergétique pour la croissance verte du 17 août 2015.**

OBSOLESCENCES EN TOUT GENRE

En réalité, l'obsolescence programmée *stricto sensu* serait loin d'être la seule coupable du remplacement de nos smartphones[10]. Il existe en effet une autre grande ennemie de nos portables : **l'obsolescence culturelle !** Sachez en effet que 88 % des Français remplacent leur téléphone portable alors qu'il fonctionne encore[1]... Pourquoi ? Tout simplement à cause de la mode, qui les incite à trouver leur téléphone rapidement désuet.

Il existe ainsi bien des formes d'obsolescence, toutes ayant pour conséquence de faire de nos téléphones portables d'éphémères compagnons. En voici un classement.

L'obsolescence fonctionnelle et technique. L'obsolescence logicielle, pour laquelle Apple a été condamné, en fait partie[11].

L'obsolescence économique. Les obstacles à la réparation (absence de disponibilité des composants, batterie non démontable, mauvais service après-vente, etc.) en sont un exemple.

L'obsolescence culturelle ou psychologique (pour des raisons esthétiques, de tendance, etc.). On parle parfois également d'obsolescence marketing : c'est elle qui crée le besoin d'un nouveau téléphone (« Oh, comme les photos que prend ce nouvel iPhone sont de bonne qualité ! »), alors que le vôtre fonctionne pourtant encore parfaitement...

Des technologies impactantes

Des indicateurs pour les impacts

On considère aujourd'hui que pour mieux comprendre les impacts d'un secteur de l'économie sur l'environnement, il faut étudier plusieurs indicateurs.

ÉVALUER LES IMPACTS

Si, auparavant, les professionnels s'intéressaient très souvent uniquement aux émissions de gaz à effet de serre (le changement climatique étant considéré comme le risque le plus imminent), ils procèdent maintenant à des **études multicritères**.

Dans leur étude sur l'impact environnemental du numérique en France parue en 2022, l'Arcep et l'Ademe se sont ainsi focalisées sur 8 indicateurs d'impact5, jugés par des spécialistes comme étant particulièrement pertinents pour évaluer les conséquences du numérique sur l'environnement.

Ils ont estimé que les 4 principaux impacts du numérique français en 2020 étaient dans l'ordre[5] :

Les radiations ionisantes.

Celles-ci sont principalement dues à la phase d'utilisation des terminaux puisque l'énergie nucléaire à une part importante dans le mix énergétique français.

L'utilisation des ressources naturelles (minérales et métaux).

Cet impact se concentre quasiment exclusivement sur la phase de fabrication des équipements (et de manière extrêmement majoritaire sur la fabrication des terminaux utilisateurs, par rapport à celle des réseaux et des *data centers*).

L'épuisement de ressources abiotiques (fossiles et uranium).

Il est en grande partie provoqué par l'utilisation des terminaux, mais également par leur fabrication et l'utilisation des *data centers* et des réseaux. Il faut un paquet d'énergie pour fabriquer tout cela !

Le changement climatique.

Selon l'étude, l'impact sur le climat est principalement dû à la phase de fabrication des terminaux. En effet, cette phase ayant lieu à l'étranger, les énergies utilisées sont très majoritairement carbonées.

LES 8 INDICATEURS D'IMPACT DE L'ÉTUDE DE L'ARCEP ET DE L'ADEME PARUE EN 2022[5]

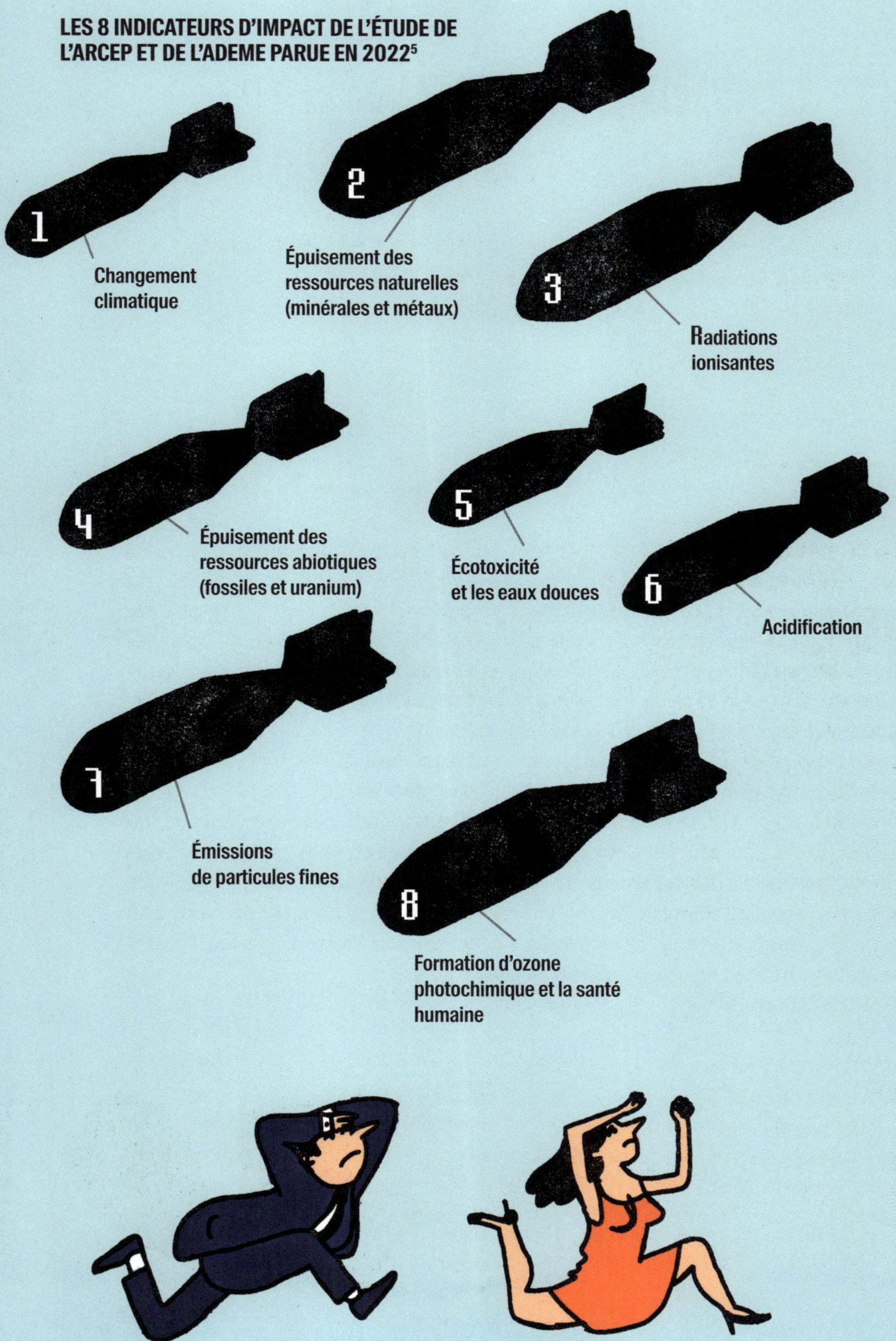

Les temps changent

Le changement climatique s'exprime de nombreuses façons : augmentation globale des températures, montée du niveau de la mer, plus grande fréquence des épisodes météorologiques violents et mise en péril de certains écosystèmes. Mais quel est le rapport avec le numérique ?

LE NUMÉRIQUE, ÇA RÉCHAUFFE !

Le changement climatique d'origine humaine est dû à nos émissions de gaz à effet de serre, dont le dioxyde de carbone (CO_2) est le principal représentant. Il provient en grande partie du pétrole et du charbon, que nous extrayons du sous-sol de la Terre et que nous brûlons.

3,7 %, c'est **la participation du numérique aux émissions de gaz à effet de serre** au niveau mondial en 2018[12] (2,5 % en France[5]) – à mettre en comparaison avec les 2 % émis par le transport aérien civil...

DE LA FABRICATION À L'UTILISATION

Ces émissions de gaz à effet de serre surviennent dès l'extraction des matières premières (à cause notamment des machines employées qui fonctionnent grâce au pétrole). Du gaz est également émis lors de l'assemblage des équipements : dans les pays où nos équipements numériques sont fabriqués, une grande partie de l'électricité est générée par des centrales thermiques en brûlant du charbon, du pétrole ou du gaz.

ÇA GAZE !

En France, les émissions de gaz à effet de serre générées par un an de consommation de biens et de services numériques en 2019 étaient évaluées à 253 kilogrammes d'équivalent CO_2 par habitant. Cela équivaut à 2 259 kilomètres parcourus en voiture[5].

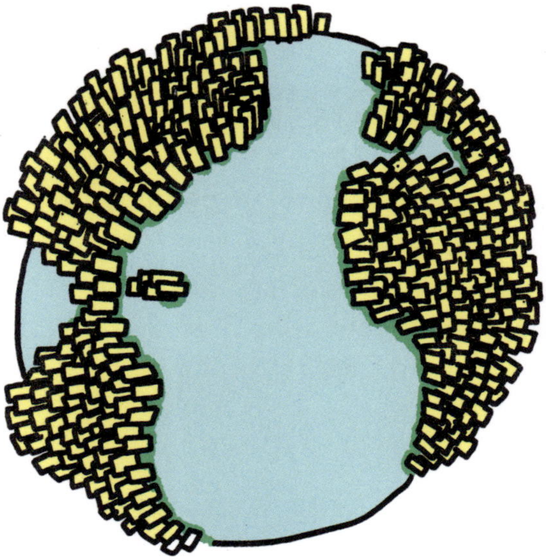

Il faut ensuite transporter ces équipements vers les pays où ils sont consommés, c'est encore l'occasion de nouvelles émissions.

Enfin, l'utilisation de ces biens engendre elle aussi le rejet de gaz puisqu'une partie de l'électricité nécessaire à leur fonctionnement est produite à partir d'énergies d'origine fossile.

DES TERMINAUX DÉTERMINANTS

En France, **79 % des émissions de gaz liées au numérique seraient dues aux terminaux**, c'est-à-dire à nos ordinateurs, nos smartphones, nos tablettes, nos GPS, etc. De quoi réfléchir avant d'offrir la toute dernière montre connectée à Noël...

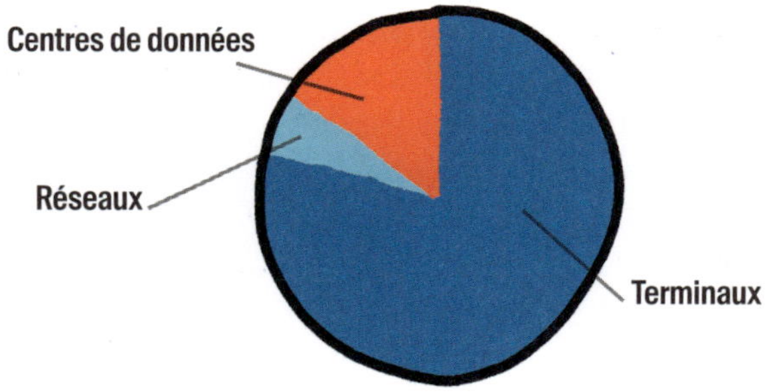

RESPONSABILITÉ DE CHACUN DES TROIS ÉLÉMENTS CONSTITUTIFS DU NUMÉRIQUE (TERMINAUX, RÉSEAUX ET *DATA CENTERS*) DANS L'EMPREINTE CARBONE DU NUMÉRIQUE EN FRANCE[5].

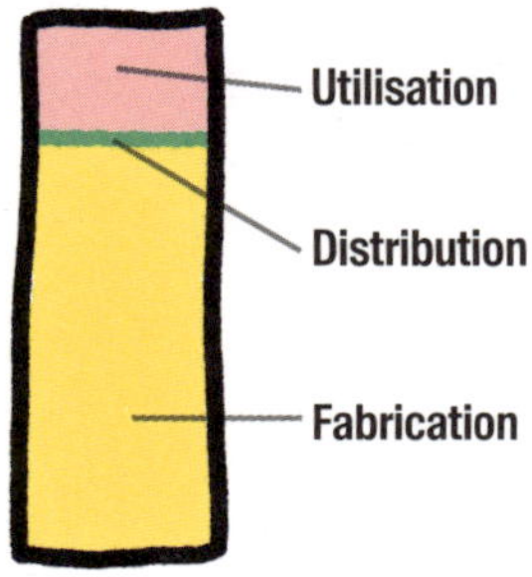

PARTS DES PHASES DE FABRICATION, DISTRIBUTION ET UTILISATION DU NUMÉRIQUE DANS L'EMPREINTE CARBONE DU NUMÉRIQUE EN FRANCE[5].

Main basse sur les ressources

Pour fabriquer et utiliser les appareils numériques, nous puisons sans cesse dans les ressources que nous savons exploiter.

DES TÉLÉPHONES GLOUTONS

La masse de matière nécessaire à la production, l'utilisation et l'élimination d'un smartphone est estimée à **600 fois le poids du téléphone lui-même, soit 70 kg**[13] ! Cette valeur atteint 588 kg pour un ordinateur de 2 kg[1]...

Les ressources nécessaires à la fabrication des équipements numériques sont :

- **Des métaux et des minerais** qui entrent très largement dans la fabrication des appareils,
- **De l'énergie fossile** (générée à partir de charbon, de gaz et de pétrole) pour transformer la matière et la déplacer,
- **Des ressources hydriques** (c'est-à-dire de l'eau), indispensables pour les procédés d'extraction et de transformation des métaux, mais aussi pour la fabrication des équipements numériques.

On retrouve ainsi les ressources impliquées dans trois des huit indicateurs d'impact évoqués au début de ce chapitre.

UNE CONSOMMATION DURABLE ?

Sur les trois ressources précédemment citées, deux ne sont pas considérées comme renouvelables, c'est-à-dire qu'il faut bien plus d'une vie (ou d'une centaine d'années) pour que les ressources consommées soient reconstituées. C'est évidemment le cas des métaux ou des minerais – même si l'épuisement de l'ensemble de la ressource est loin d'être à craindre dans l'immédiat.
C'est aussi le cas d'une partie de l'énergie, qui est très largement issue de sources non renouvelables, comme le charbon, le pétrole ou encore le gaz naturel.

Cela pose bien évidemment la question de la soutenabilité. D'autant plus, si l'on prend en compte le caractère jusqu'à présent exponentiel

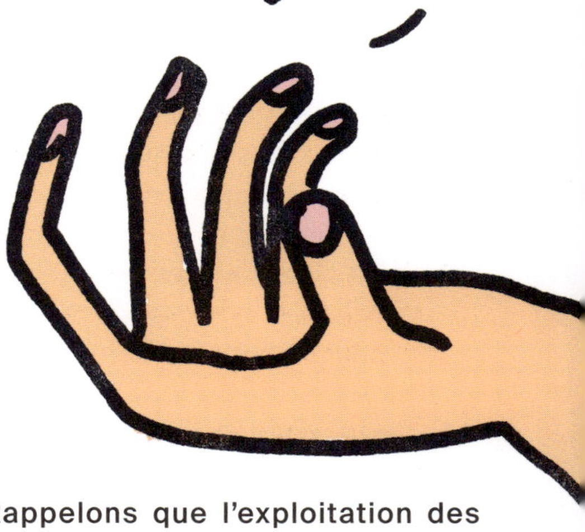

de la consommation des ressources minières (3 % en plus chaque année). Au rythme actuel, l'extraction aboutirait à l'engloutissement de l'ensemble de la Terre en seulement 850 ans[7]. Il est donc absolument inenvisageable de maintenir ce rythme effréné.

À QUI LA PRIORITÉ ?

Les réserves en métaux sont inégalement réparties et exploitées sur le globe, certains pays peuvent en manquer. Cela engendre alors des tensions d'approvisionnement qui ont des **conséquences géopolitiques**. Ces tensions iront croissant au fur et à mesure que nos besoins augmenteront et que les ressources les plus faciles à exploiter auront été utilisées.

Rappelons que l'exploitation des minerais intervient souvent dans des pays soumis à un **stress hydrique**. La consommation d'eau de l'industrie minière rentre alors en concurrence directe avec d'autres usages, notamment les besoins de la population ou l'agriculture.

Acide et béton écosystémiques

En plus du changement climatique auquel elles participent, la mobilisation et l'exploitation des ressources nécessaires au numérique affectent localement plantes, animaux et écosystèmes.

PAYSAGE MINIER

Les images d'exploitations minières témoignent des transformations du paysage qui ont lieu dans un certain nombre de pays lointains : la végétation est détruite et les terres ne sont plus exploitables du point de vue agricole. Encore une fois, ces impacts sont pour la plupart externalisés en dehors des pays européens, dans lesquels l'opinion publique est très réticente aux projets miniers.

Moins visibles, les pollutions parfois générées par l'extraction et le traitement des minerais entraînent elles aussi une dégradation des écosystèmes et impactent la santé humaine. Il peut s'agir d'**écoulements acides**, de la **libération de matières radioactives** (puisque les terres rares sont parfois associées à du thorium et à de l'uranium) ou de **métaux lourds**[14].

DU BÉTON À FOISON

Plus proche de nous et avec une moindre ampleur, nous assistons à une bétonnisation progressive des espaces naturels. La plus grande partie de ce processus est due aux entrepôts du e-commerce (qui occupent d'ores et déjà dans l'Hexagone la superficie de 100 Stades de France[15]). Mais les *data centers* ont aussi une part de responsabilité dans cette transformation. La plupart sont actuellement situés dans la petite couronne de Paris. Si leur impact est pour l'instant réduit, le triplement, tous les trois ans, des données générées fait craindre une amplification du phénomène.

L'abus de données nuit gravement à la santé

En ce qui concerne la santé humaine, les effets délétères de notre exposition au numérique sont pléthoriques.

TROUBLES DE LA VISION
La lumière bleue de nos écrans peut conduire à des maladies oculaires. De plus, la forte sollicitation de la vision de près est à l'origine d'une augmentation de la myopie dans les pays industrialisés.

PROBLÈMES DE SOMMEIL
La lumière artificielle de nos écrans a des répercussions sur nos processus biologiques, notamment sur le système hormonal qui régule le rythme circadien (horloge interne du corps humain).

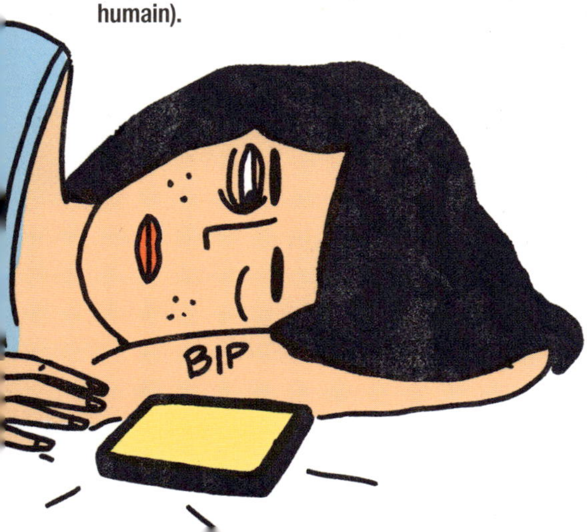

MAUVAISES POSTURES
5 % des troubles musculo-squelettiques en France seraient dus au travail sur écran.

PERTE DES CAPACITÉS CARDIO-VASCULAIRES
Elle est conséquente au sédentarisme (un Français passait en moyenne près de 5 heures par jour devant un écran en 2019).

TROUBLES DE L'ATTENTION CHEZ LES ENFANTS
L'exposition accrue des enfants, dès un âge précoce, à des vidéos ou des images animées devant lesquelles ils sont passifs rend plus difficile leur concentration sur les supports traditionnels (cahiers, livres, jeux de société, etc.), qui requièrent des efforts.

STRESS DÛ À L'HYPERCONNEXION
L'accès à l'information en continu, la réception de mails professionnels à toute heure ou encore la mise en images de la vie privée à travers les réseaux sociaux, sont à l'origine d'une pression croissante sur les individus.

TROUBLES DU COMPORTEMENT ALIMENTAIRE
Ils peuvent donner lieu à une perte de poids, à un surpoids ou à une obésité. Et pas seulement à cause du sédentarisme : les perturbations du rythme circadien dues à la lumière bleue sont encore une fois en cause.

DÉSOCIALISATION AVEC AUGMENTATION DES RISQUES DÉPRESSIFS
Un temps d'écran excessif peut mener à un repli sur soi-même et à une coupure avec le monde réel.

ET AILLEURS ?

Cette liste recense une partie des effets de notre utilisation des technologies numériques. Elle doit cependant être considérablement allongée lorsque l'on considère les conséquences sanitaires de l'extraction et du traitement des minerais. Ces impacts sont locaux et atteignent uniquement les populations situées dans les zones d'exploitation minière. Or, rappelons qu'en 2022, 30 % de la population mondiale n'avait pas accès à Internet[16]... Les personnes dont la santé est en péril pour extraire les métaux de nos smartphones feraient-elles partie de cette catégorie ?

La fuite en avant

La révolution numérique ?

« Révolution numérique », le terme fait débat… S'agit-il d'une véritable révolution ?

LE MOT JUSTE

Il est assez consensuel de qualifier le développement du numérique de phénomène soudain et rapide. Certains penseurs technocritiques rejettent cependant le terme *révolution.* En effet, selon eux, ces bouleversements n'ont rien de politique et servent une **vision sociale et un ordre économique déjà éprouvés** depuis la révolution industrielle, qui se manifestent aujourd'hui par la domination des GAFAM (cet acronyme désigne les cinq grandes entreprises américaines du secteur des nouvelles technologies : Google, Apple, Facebook, Amazon et Microsoft).

Il y a 300 000 à 200 000 ans : apparition d'*Homo sapiens*

Il y a 14 000 ans à 7 000 ans : invention de l'agriculture

Il y a 5 500 ans : invention de l'écriture

Un directeur de Google estimait en 2010 que l'humanité avait produit autant de données entre ses débuts et l'année 2003, qu'en deux jours de cette année 2010. Or, cette quantité de données n'a cessé d'augmenter depuis.

Mais alors, à quoi pouvons-nous nous attendre dans les prochaines décennies ?

Il y a 20 ans : apparition du smartphone

Il y a 40 ans : généralisation de l'ordinateur personnel et développement d'Internet

Il y a 160 ans : révolution industrielle

La ville connectée

On l'appelle souvent la « ville intelligente » (ou *smart city*). Elle est dotée de nombreux capteurs, qui collectent des données et permettent une gestion optimisée de l'espace commun.

Le but affiché est l'amélioration de la qualité de vie des habitants. Elle est cependant critiquée pour les risques de surveillance de masse qu'elle implique et ceux qu'elle fait courir à la protection des données personnelles[17].

ÉDUCATION

1 Campus virtuel de e-learning donnant accès aux contenus pédagogiques aux étudiants

GOUVERNANCE

2 Moyen de consultation pour mettre en pratique une e-démocratie et réaliser des enquêtes. Développement de la communication directe avec les administrations publiques. Facilitation des démarches administratives

3 Surveillance des rues par des caméras

ÉCONOMIE

4 Bureaux modulaires décentralisés et bureaux virtuels pour le télétravail

5 Amélioration du réseau de *networking* pour mettre en relation des compétences complémentaires

ENVIRONNEMENT

6 Mesure de la qualité de l'air, de l'eau, du bruit
7 Mesure du niveau d'eau
8 Meilleure collecte des déchets, permettant d'augmenter le recyclage
9 Système permettant de connaître le volume des poubelles et d'optimiser la collecte
10 Optimisation des flux énergétiques dans la ville (avec récupération de la chaleur)
11 Capteur de mouvement et de bruit permettant un éclairage uniquement lors du passage des véhicules ou des personnes.

MOBILITÉ

12 Système de priorisation des véhicules d'urgence
13 Information en temps réel sur les flux de trafic
14 Détection automatique des infractions au code de la route
15 Information sur les accidents
16 Information en temps réel des covoiturages possibles
17 Contrôle intelligent des feux de signalisation
18 Autobus autonome sans conducteur
19 Communication de la disponibilité des places de stationnement pour les vélos ou les voitures
20 Communication de la disponibilité des points de recharge pour les véhicules électriques
21 Anticipation de la congestion du trafic grâce à l'intelligence artificielle

La maison connectée

– « OK GAFAM*, dis-moi à quoi ressemblera la maison numérique dans 20 ans. »

*GAFAM : Google, Apple, Facebook, Amazon, Microsoft

ÉCRAN permettant de définir les vêtements les plus adaptés à la météo du jour.

MUR INTERACTIF recouvert d'écrans géants tactiles qui pourraient afficher des photos, des documents de travail, des sites Internet, etc., transformant ainsi le salon en bureau, en salle de rencontres ou encore en boutique.

RÉFRIGÉRATEUR CONNECTÉ permettant de générer des listes de courses. Il est doté d'un affichage qui remplace les petites notes accrochées avec des magnets et peut également présenter le planning de la famille, une recette, etc.

CAFETIÈRE se mettant automatiquement en route quand votre montre connectée détecte que vous êtes réveillé.

ROBOT DE CUISINE CONNECTÉ proposant des recettes adaptées au contenu de votre réfrigérateur et se mettant en route dès que vous pénétrez dans la maison.

STATION CENTRALE permettant de gérer tous les appareils connectés de la maison (chauffage, climatisation, arrosage, fermeture-ouverture des stores, réfrigérateurs, enceintes, aspirateurs, etc.).

INTERPHONE CONNECTÉ accueillant les visiteurs, même en votre absence.

ASPIRATEUR se mettant en route en fonction du niveau de saleté de l'habitat. Grâce à ses caméras, il peut adapter le nettoyage à la saleté présente (par exemple, en cas d'écoulement liquide).

L'être humain connecté

Homme réparé ou homme amélioré ? Quel sera l'humain de demain ? Partons aux frontières du transhumanisme...

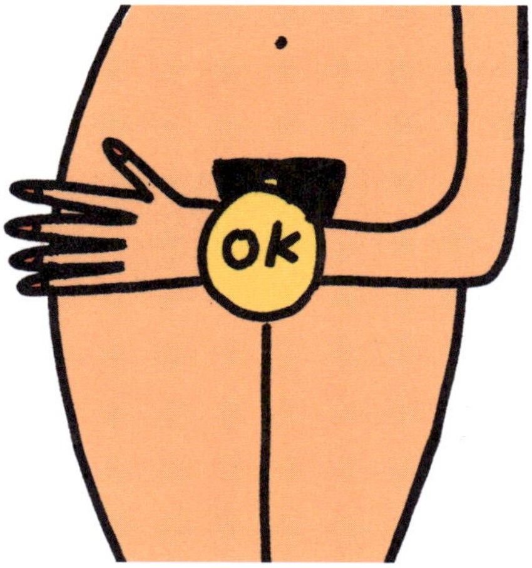

MONTRE de contraception indiquant les périodes de fertilité.

MONTRES CONNECTÉES se mettant en contact afin de définir une date convenant à tous les membres d'une réunion.

CAPTEUR DE DIAGNOSTIC MÉDICAL permettant d'afficher une liste des pathologies possibles en fonction des mesures réalisées et de détecter le manque de certains éléments dans l'organisme (de magnésium, par exemple), l'information étant ensuite transmise au réfrigérateur, qui génère une liste de courses adaptée.

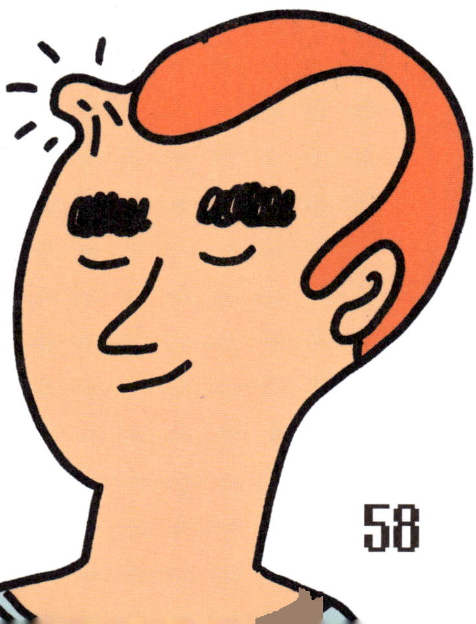

CAPTEURS mesurant les ondes cérébrales afin de mieux gérer le stress.

LUNETTES CONNECTÉES permettant de capter tout ce qui appartient au champ de vision de l'individu. Elles sont dotées d'un microphone et peuvent donc filmer et enregistrer. C'est l'accessoire de base pour les addicts des réseaux sociaux. Ils peuvent également partager les moindres détails de leur quotidien avec tous leurs amis. Ces lunettes sont aussi utilisées pour obtenir des informations sur ce qui est vu, la météo, etc. C'est en quelque sorte un écran intégré !

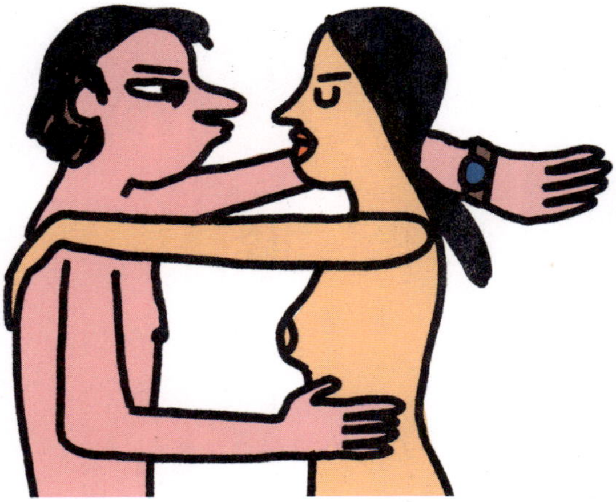

MONTRE INFORMANT de l'activité sexuelle et donnant des conseils en fonction de celle-ci.

LE CORPS AUGMENTÉ

Placer les capteurs à l'intérieur (sous la peau ou dans le cerveau par exemple) ou à l'extérieur du corps (dans une montre ou un bracelet notamment) semble être un facteur d'acceptation ou de rejet important des technologies, du moins en Europe, puisque les idées bioprogressistes sont beaucoup plus développées en Amérique du Nord. Elles font rêver les **transhumanistes** qui imaginent déjà leur corps non plus réparé, mais bien augmenté (doté de nouvelles capacités sensitives, motrices, émotionnelles, linguistiques, etc.) et leur durée de vie allongée. Certains visent même l'immortalité !

Le *cloud*

***Cloud* signifie « nuage » en anglais. Il est dit que ce terme est né du dessin que les informaticiens réalisaient pour représenter tout ce qui se passait à l'extérieur des entreprises : un nuage.**

PRATIQUE !

À l'heure actuelle, on appelle *cloud* des espaces de stockage, des serveurs et des processeurs situés en dehors de notre foyer ou de nos bureaux. Ils nous permettent de stocker des données (nos mails, par exemple), de jouer en ligne, de regarder des films et des séries (en streaming). Ce système apporte bien des avantages :

- **vous pouvez accéder à vos données depuis n'importe quel terminal connecté à Internet,**
- **vous pouvez acheter de l'espace supplémentaire au fur et à mesure de vos besoins, sans avoir à faire le tri dans vos fichiers,**
- **si votre ordinateur tombe en panne, vous ne perdez pas vos données.**

UN NUAGE GRIS À L'HORIZON

Si le terme *cloud* renvoie à la notion commune et agréable d'un nuage flottant dans le ciel, le *cloud* numérique a une réalité beaucoup plus lourde sur le plan matériel. Bien sûr, il permet de mutualiser les équipements, et c'est sans aucun doute un avantage. Cependant, il augmente de manière considérable la circulation des informations numériques. Par exemple, lorsque vous regardez une photo que vous stockez dans le *cloud*, les données proviennent d'un *data center* pouvant être situé très loin de vous. De même, si vous modifiez cette photo, les données devront être envoyées une nouvelle fois dans le *cloud*. Comme nous l'avons vu précédemment, ce transport sera d'autant plus impactant que la quantité de données sera importante.
De plus, pour être sûr de répondre au cahier des charges et de ne pas perdre de données, les exploitants des *data centers* surdimensionnent largement leurs outils de travail. Les équipements sont ainsi redondants, permettant aux *data centers* de fonctionner sans interruption, à défaut de quelques dizaines de minutes par an...
Enfin, l'**illusion d'une capacité de stockage des données infinie** incite à stocker de plus en plus de données. On appelle cela l'infobésité !

Le *big data*

Big data, cela veut dire « données massives » (ou « mégadonnées »). Le big data implique les 3 V : « volume », « variété » et « vélocité » (les données sont nombreuses, elles sont de caractères différents et elles sont générées et traitées rapidement).

À L'ORIGINE DES DONNÉES

Nous créons de plus en plus de données. Outre nos textes, nos vidéos, nos photos, etc., elles peuvent être générées par :

- **des capteurs situés dans la sphère privée** (par exemple, pour la géolocalisation ou la mesure du nombre de pas au niveau individuel, pour le marketing ou la publicité dans le domaine commercial),

- **des capteurs de la sphère publique** (par exemple pour l'astrophysique, le climat, la génomique* dans le domaine des sciences).

En matière d'écologie, le *big data* n'est pas sans conséquences. L'augmentation de la quantité de données implique davantage d'équipements (terminaux, réseaux, *data centers*) et davantage d'énergie pour les transporter, les stocker et les traiter.

* La génomique est l'étude du génome, c'est-à-dire du matériel génétique des êtres vivants.

DES DONNÉES QUI PRODUISENT DES DONNÉES

En accumulant des données à tout-va, on pourrait rapidement assister à un **développement anarchique des bases de données**, qui nuirait à leur possible interprétation. Pour mettre un peu d'ordre dans tout ça, on recourt à un traitement qui permet leur visualisation et leur analyse, ainsi que la prédiction et la simulation de phénomènes. Ce traitement est d'autant plus important que les données sont parfois redondantes (une même information apparaît deux fois). Il est réalisé par des statisticiens qui utilisent parfois à l'intelligence artificielle. Celle-ci permet à la machine d'apprendre à reconnaître et à traiter les données. Elle peut par exemple éliminer les doublons, supprimer les données inutiles ou proposer des analyses, ces analyses constituant à leur tour de nouvelles données... Ne sommes-nous pas alors dans un cercle vicieux ?

La 1 000 G

« G » comme génération. Nous en sommes actuellement à la cinquième génération de téléphonie mobile (5G).

POURQUOI LA 5G ?

Quand passe-t-on d'une génération à l'autre ? Lorsque la technologie actuelle ne semble plus assez puissante pour assumer une augmentation des échanges de données en évitant la saturation. La 5G offre ainsi un meilleur débit (multiplié *a minima* par un facteur 10) que la 4G, qui en assurait elle-même un meilleur que la 3G, etc. Ainsi, au fur et à mesure des générations, **nous transférons davantage de données dans un laps de temps plus court**.

Les antennes 5G sont plus efficaces et consomment moins d'énergie que celles de la 4G. Rappelons cependant que c'est la fabrication des terminaux qui est la principale responsable des impacts environnementaux du numérique. Or, le passage d'une génération à l'autre (de la 3G à la 4G par exemple) a jusqu'à présent immanquablement entraîné le **remplacement du parc de terminaux** associés (notamment des smartphones).

DU NOUVEAU !

Le passage à la 5G s'accompagne en outre inévitablement de l'émergence de nouveaux appareils connectés (Internet des objets), liés notamment à la voiture autonome. Or, cette prolifération des objets connectés a une conséquence : l'accroissement des données générées et transportées, ainsi que leur lot de *data centers*… Pour comprendre pourquoi, adressez-vous à M. Jevons !

5G
4G

Ça s'emballe !

Interview d'outre-tombe

M. Jevons, pourriez-vous vous présenter ?

William Stanley Jevons : Avec grand plaisir ! Comme je suis mort en 1882, cela fait belle lurette que plus personne ne m'a interviewé ! Je suis britannique, économiste et logicien de métier. Né en 1835, je suis un contemporain de la révolution industrielle anglaise, celle-là même qui a vu exploser la consommation de charbon pour alimenter les machines !

Pouvez-vous nous parler de votre célèbre paradoxe ?

Oh, bien sûr. Je suis très fier d'avoir été le premier à mettre des mots sur ce phénomène. Depuis, ma théorie n'a cessé d'être vérifiée ! Le paradoxe que j'ai énoncé est le suivant : à mesure que les innovations technologiques améliorent l'efficacité avec laquelle une ressource est employée, la consommation totale de cette ressource augmente au lieu de diminuer, comme nous pourrions intuitivement le penser. On appelle cela l'« effet rebond ». J'en parle dans mon livre *Sur la question du charbon* (paru en 1865 !). En effet, je me suis rendu compte que lorsque James Watt a inventé la nouvelle machine à vapeur, beaucoup plus efficace que la précédente, l'utilisation de cette machine s'est généralisée et par conséquent la consommation de charbon a beaucoup augmenté.

Pensez-vous que ce paradoxe soit encore d'actualité au siècle où nous nous trouvons, c'est-à-dire plus de cent cinquante ans après la parution de *Sur la question du charbon* ?

Cet effet peut tout à fait être appliqué au cas de la 5G. En passant d'une génération de téléphonie mobile à une autre, on améliore l'efficacité de la transmission des données, mais cela s'accompagne inéluctablement d'une augmentation du volume de données transportées et donc de la consommation d'énergie totale... Vous voyez, ma théorie n'a pas pris une ride !

La parole aux ordis

Nous, les ordinateurs, écrans et autres éléments du numérique du monde entier, exigeons un droit de réponse. Depuis le début de ce livre, tout est à charge contre nous ! C'est vrai, nous sommes faits de dizaines de matériaux différents. C'est vrai, nous et nos composants parcourons des milliers de kilomètres avant d'arriver jusqu'à vous. Et nous savons que la liste des griefs est encore longue. Mais avant que vous ne continuiez à déblatérer votre flot continu de critiques, nous vous demandons de nous donner la parole l'espace d'un chapitre !

La mutualisation

La magie d'Internet consiste à mettre en réseau des gens du monde entier pour pouvoir échanger, partager, travailler ensemble. N'est-ce pas fantastique ?

MISE EN RÉSEAU

Tout d'abord, il nous semble bien que ce livre n'ait même pas abordé la beauté de notre réseau ! Sans nous, les dispositifs numériques, auriez-vous déjà vu des machines travailler de concert partout autour du globe ? C'est ce que nous faisons tous les jours ! Ce n'est pas beau ça ?

Avant nous, chacun travaillait dans son coin. Les scientifiques du monde entier peinaient à communiquer et à se transmettre des informations. Les travaux étaient donc répétés. Aujourd'hui, les publications sont accessibles en ligne, permettant aux chercheurs, mais également à tout un chacun, de se faire une solide idée de l'état des connaissances !

COMMUNEAUTÉ NUMÉRIQUE

Et ce qui est valable pour la science l'est également pour tous les produits ! Qui permet de revendre ce dont vous n'avez plus l'utilité à quelqu'un qui en a besoin, au lieu de le mettre à la poubelle ? Le numérique ! Qui permet d'échanger sa maison contre une autre maison de particulier pendant les vacances au lieu de louer un logement construit exclusivement à des fins touristiques ? Le numérique ! Qui permet le partage d'équipements (de bricolage, par exemple) et même de voitures, évitant ainsi d'en acheter pour un usage individuel ? Le numérique, encore une fois ! Vous voyez, moi et mes copains de la sphère numérique, nous sommes de farouches défenseurs de la mutualisation !

Les économies d'énergie

Les nouvelles technologies peuvent permettre une optimisation des dépenses énergétiques. Cela est vrai dans de nombreux secteurs.

À LA MAISON

Nous, les machines du numérique, nous permettons également de belles économies d'énergie. Et ça, bien sûr, vous n'en parlez pas dans votre livre ! Les réunions virtuelles et le télétravail n'ont-ils pas permis de diminuer drastiquement le transport dans le cadre professionnel ? Voilà plusieurs tonnes de CO_2 en moins dans l'atmosphère* !

Dans les maisons aussi, nous faisons du bon boulot ! Nos compteurs intelligents permettent de visualiser les consommations et d'adapter les comportements en conséquence. Nos chaudières prennent maintenant en considération la météo annoncée pour anticiper la quantité de chaleur à produire. Il en va de même pour la production d'électricité : les prévisions météorologiques sont parfois transmises aux centrales électriques afin de prioriser la production d'énergie renouvelable lorsque la situation le permet.

DANS TOUS LES SECTEURS

Et cela sans parler du monde de l'industrie ! Grâce à nos capteurs et notre intelligence artificielle, il est possible d'optimiser les procédés afin de réduire au maximum la consommation d'énergie et même de matières premières. Rebelote dans l'agriculture : optimiser l'irrigation permet de belles économies d'eau. Ce n'est pas écolo, ça ? Enfin, nos capteurs sont également utiles dans les services publics : ils nous donnent l'opportunité de mieux comprendre où, quand et à quelle fin l'énergie est utilisée.

Alors, Monsieur le livre à charge contre le numérique, qu'avez-vous à rétorquer à tout cela ?

* L'autrice tient cependant à relativiser les propos des appareils numériques. Le télétravail a lui aussi des effets rnéfastes : accroissement de l'équipement numérique, augmentation des flux vidéo, nouvelles consommations énergétiques au domicile (chauffage, éclairage, etc.) et extension des domiciles privés.

clic

Le transport intelligent

Et si les nouvelles technologies étaient LA solution dans le domaine du transport ? Optimiser l'énergie consommée pour nous déplacer permettrait sans nul doute de diminuer fortement notre impact environnemental.

PLUS JAMAIS SEUL

Nous, les dispositifs numériques, nous nous octroyons une dernière page avant de vous rendre la parole. En effet, il y a un domaine dans lequel il nous semble que nous excellons et que nous ne voudrions pas passer sous silence. Il s'agit du transport.

Peut-être que vos cerveaux d'humains ont du mal à concevoir l'absurdité de vous déplacer en solitaire dans une voiture, alors même que cette voiture dispose de cinq places, que bon nombre d'entre vous se rendent au même endroit et que le transport collectif, beaucoup moins émetteur de gaz à effet de serre, existe. Cependant, avouez que cette situation est grotesque !

VIVE L'ORGANISATION !

Nous espérons que, grâce à nos aptitudes, vous parviendrez rapidement à mettre un terme à cette situation. Pour cela, certains d'entre vous travaillent déjà d'arrache-pied.

Des capteurs sont mis en place pour **évaluer les flux et adapter le transport collectif en fonction des besoins réels.**

Nous espérons également pouvoir rapidement proposer des **bornes de covoiturage qui mettront instantanément en relation un conducteur et un passager ayant la même destination.**

Dans certaines villes, des applications permettent d'ores et déjà de **guider les automobilistes vers des places de stationnement libres,** réduisant ainsi drastiquement la consommation de carburant et donc les émissions de gaz à effet de serre liées à la recherche d'une place de stationnement.

La liste des bénéfices énergétiques que nous pourrions apporter dans le domaine des transports est encore longue. Il nous semble cependant que c'est à vous, les êtres humains, de faire en sorte que nos facultés soient utilisées à bon escient, et non pas seulement comme des gadgets ou des outils à faire consommer davantage. Aussi, si on nous en laissait le droit, nous proposerions de renommer ce livre : *L'Impact environnemental des choix humains en matière de technologies numériques* ! Vous nous en donnez la permission ?

Les gestes éconumériques

Et si nous fabriquions moins d'appareils ?

En tant que consommateurs, nous jouons un rôle essentiel, qui peut faire pencher la balance vers la sobriété numérique ou, au contraire, vers une industrie numérique débridée. Voici quelques astuces que chacun d'entre nous peut mettre en place.

- **Éviter de surconsommer.** A-t-on vraiment besoin d'un assistant vocal ?

- **Garder les appareils le plus longtemps possible.** Doit-on racheter un nouvel écran plat si le nôtre fonctionne encore ? Ne succombons pas à l'obsolescence culturelle ou au marketing…

- **Faire réparer ou réparer nos appareils.** Pensez aux tutos sur Internet !

- **À l'achat, privilégier les appareils ayant l'indice de réparabilité le plus grand et la période de garantie la plus longue.** Certains fabricants proposent des garanties allant jusqu'à 5 ans ! C'est par exemple le cas de Fairphone et Crosscall.

- **Faire en sorte que nos appareils soient réemployés.** Rien ne sert d'abandonner un téléphone au fond d'un tiroir : qu'il soit en état de fonctionner ou non, mieux vaut le donner ou le revendre !

- **Mutualiser les équipements.** Pourquoi ne pas partager un appareil photo avec d'autres personnes ? Les box individuelles pourraient également être centralisées dans les immeubles.

- **Privilégier les achats de produits reconditionnés.** Un smartphone reconditionné a un impact très largement inférieur à celui d'un téléphone neuf[18].

- **Privilégier les achats de produits d'occasion.** À condition bien sûr que les ventes d'occasion ne viennent pas doper les ventes de produits neufs… L'effet pervers du marché de l'occasion réside ainsi dans la démarche de certains vendeurs : « Pourquoi ne pas m'acheter ce nouveau produit si je peux le revendre à bon prix dans quelques mois ? ».

10 SUR 10
L'indice de réparabilité est une note sur 10 indiquant si un appareil est facile à réparer. Plus la note est élevée, mieux c'est ! Depuis le 1er janvier 2021, il est obligatoire sur les smartphones, les ordinateurs portables et les télévisions. Il est notamment calculé à partir de 4 critères :

- LA FACILITÉ DE DÉMONTAGE DU PRODUIT,
- LA DISPONIBILITÉ DES PIÈCES ET LEUR DÉLAI DE LIVRAISON,
- LE RAPPORT ENTRE LE PRIX DES PIÈCES ET LE PRIX DE VENTE DU PRODUIT,
- LA DURÉE DE DISPONIBILITÉ DE LA DOCUMENTATION TECHNIQUE.

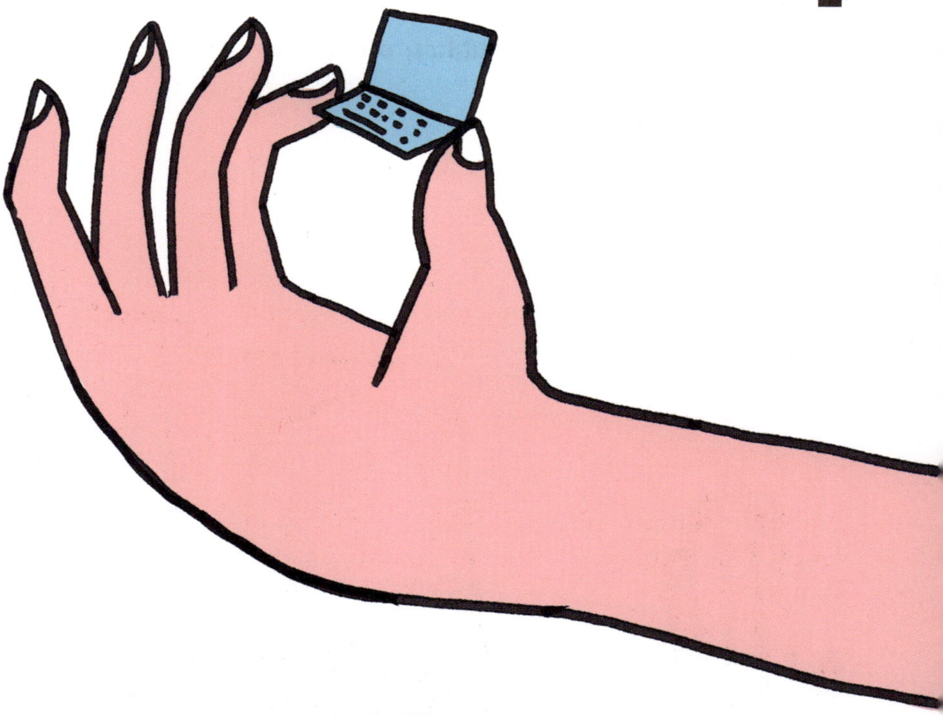

En tant que citoyens, nous pouvons également encourager les politiques à :

Favoriser l'écoconception,

Légiférer sur une définition de la durée de vie des produits et imposer son affichage sur leurs étiquettes (à l'heure actuelle, c'est uniquement obligatoire pour les ampoules !),

Imposer des durées minimales de garantie,

Exiger la réparabilité des produits (disponibilité des composants ou conception modulaire, par exemple),

Lutter contre l'obsolescence programmée.

Et si nous limitions la quantité de données ?

Nous générons de plus en plus de données (photos, vidéos, etc.), mais nous en déplaçons également de plus en plus (musique, vidéo en streaming, etc.). Ces données sont en outre souvent stockées dans des lieux distants : c'est le fameux *cloud*. Nous avons ainsi l'impression de ne pas être limités : c'est un cercle vicieux.

Voici donc quelques conseils pour réduire le nombre de données et leur transport.

Privilégier un stockage local des données plutôt qu'un stockage sur le *cloud* et supprimer régulièrement les éléments inutiles.

Éviter le streaming de vidéos surtout en haute définition (les vidéos représentent 61 % du trafic sur Internet[1]).

Télécharger la musique plutôt que l'écouter en streaming sur une plate-forme. Ainsi, vous ne transportez les données qu'une seule fois, mais vous écoutez la musique autant de fois que vous le souhaitez !

Désactiver la synchronisation automatique sur les smartphones afin d'éviter les sauvegardes en doublon.

Privilégier l'envoi de fichiers via des sites de dépôt temporaire (WeTransfer ou Smash, par exemple) plutôt qu'en pièces jointes : la pièce jointe est conservée indéfiniment dans le serveur de l'expéditeur et du destinataire, tandis que les sites de dépôt ne conservent le fichier que pendant une durée définie.

Limiter l'envoi de vidéos car elles impliquent énormément de données.

Désactiver la vidéo lors des visioconférences (en ne gardant que l'audio, on réduit significativement le flux de données).

Écoconcevoir les sites web, les logiciels et les applications notamment dans le cadre professionnel. Pour cela, l'association Designers éthiques a rédigé le *Guide de l'écoconception numérique*[19].

Et si nous éteignions nos appareils ?

Voici quelques conseils supplémentaires pour diminuer votre empreinte numérique.

Éteindre les appareils si vous ne les utilisez pas pendant plus de 1 heure et à la fin de la journée (ne pas les laisser en veille ou en pause).

Éteindre la box et le boîtier de la télévision le soir et pendant les vacances. Une box consomme autant qu'un réfrigérateur !

Privilégier l'utilisation d'un câble Ethernet ou à défaut le wifi (réseau fixe) plutôt que celui de la 4G (réseau mobile) dès que cela est possible. Rappelons que le wifi consomme 3 fois moins d'énergie que la 4G[1]. Et quand on sait que 10,3 % de l'électricité consommée en France sert au numérique[5], cela donne vraiment envie de faire attention !

Désactiver les nombreux dispositifs du smartphone qui consomment sans même que nous nous en rendions compte (localisation, synchronisation, etc.).

Laisser son smartphone dans une boîte à l'entrée de la maison et l'utiliser uniquement sur une plage horaire bien définie. C'est plus sympa pour tout le monde !

PLACE À LA RÉALITÉ

Et puis il n'y a pas que le numérique dans la vie ! Peut-être pourrions-nous tout simplement oublier de temps en temps nos appareils pour nous adonner à de nouvelles activités : observer le monde qui nous entoure avec attention au lieu de scruter nos écrans, fabriquer du concret au lieu de consommer passivement des données, etc. Créer est possible sans forcément avoir recours aux réseaux sociaux ! Il semble pourtant que ces activités essentielles soient délaissées, surtout parmi les jeunes générations, qui regardent en moyenne 14 heures de vidéos et de films sur Internet par semaine. Allez, un petit effort, éteignions nos écrans, c'est tellement agréable !

Et si nous recyclions ?

On parle de « mine urbaine », par opposition à la mine géologique. Il s'agit en fait de l'ensemble des minéraux, métalliques ou non, que nous avons déjà utilisés et que nous pourrions recycler, c'est-à-dire des « matières premières secondaires ». Bel oxymore !

Avec notre niveau de consommation et la quantité d'appareils numériques que nous mettons à la poubelle, la France est un véritable gisement de métaux. Le recyclage se heurte pourtant à plusieurs contraintes :

Bien que les concentrations en métaux des smartphones ou des ordinateurs soient largement supérieures à celles d'un minerai naturel, **la diversité et l'hétérogénéité des dispositifs** rendent le recyclage laborieux. Il faut démonter les appareils et ces procédés sont difficiles à automatiser.

L'évolution fulgurante des produits de consommation implique une **obsolescence rapide des procédés industriels de recyclage.** Pourquoi installer une usine de recyclage d'écrans plats si dans quelques années, ils sont remplacés par des dispositifs nécessitant d'autres usines ?

L'ÉCOCONCEPTION AU SERVICE DU RECYCLAGE

L'écoconception peut en partie permettre de pallier ces contraintes. En facilitant la dissociation des composants, nous pourrions ainsi non seulement augmenter la durée de vie des appareils, mais également faire de grands progrès en matière de recyclage. Encore faut-il que les pouvoirs publics légifèrent à ce sujet et que les fabricants, souvent en concurrence, soient conjointement acteurs de ces évolutions. L'accès aux données concernant la composition est par exemple un facteur clef pour le **développement de filières de recyclage communes***.

* Fort de ses impressionnants chiffres de vente, Apple a individuellement mis au point plusieurs robots permettant le désassemblage de certains de ces produits. Ces robots ne prennent en charge que certains éléments ou produits spécifiques de la marque et le recyclage reste très largement minoritaire.

RECYCLER, C'EST BIEN ; NE PAS CONSOMMER, C'EST MIEUX !

Soyons malgré tout très clairs : étant donné l'évolution exponentielle de nos besoins en métaux, le recyclage n'induit qu'un décalage de quelques dizaines d'années de la courbe représentant la quantité de ressources prélevées dans le sous-sol. Il n'est donc pas une solution si nous ne diminuons pas notre consommation.

Cela veut-il dire que l'on ne doit pas recycler ? Pas du tout ! Recycler et consommer moins (et mieux) doivent aller de pair. N'hésitez donc pas à suivre ces quelques conseils :

Augmentez au maximum la durée de vie de vos appareils en les utilisant le plus longtemps possible puis en les revendant ou en les donnant, grâce au site jedonnemontelephone.fr, par exemple. On ne collecte qu'environ 15 % des téléphones portables, tandis que 100 millions d'exemplaires sommeillent dans nos placards.

À l'achat, privilégiez les équipements écoconçus démontables pour lesquels les composants (écran, batterie, haut-parleur, caméra et prises) sont disponibles.

Des acteurs pour la sobriété numérique

Technocritiques *vs* technophiles

Depuis la révolution industrielle et peut-être même avant cela, deux visions de la technique s'opposent : celle des technocritiques et celle des technophiles.

LA *LOW TECH*
C'est dans la lignée technocritique que se développe le courant *low tech* selon lequel l'ensemble des technologies employées doivent être réellement utiles, accessibles et durables. L'occasion de se réapproprier les techniques en mettant à l'œuvre nos mains et notre cerveau ! Chiche ?

TECHNOCRITIQUES

Peut-être avez-vous lu Georges Orwell, Ivan Illitch ou encore vu *Les Temps modernes*, de Charlie Chaplin ? Ils relèvent tous de la pensée technocritique. Parfois, ce n'est pas la technique en elle-même qui est critiquée, mais la suprématie que nous accordons à celle-ci à travers notre mode de pensée.

LE MINIMALISME
Le minimalisme informatique est un courant qui prône une simplicité volontaire dans la conception du matériel informatique (de nos ordinateurs, par exemple) et des logiciels. Il implique donc l'application de contraintes supplémentaires.

TECHNOPHILES

Au contraire, les technophiles perçoivent les innovations techniques avec optimisme et les considèrent comme des solutions à bon nombre de nos maux. Ils jugent que nous pourrons grâce à elles vaincre les défis à venir, voire améliorer l'espèce humaine (c'est notamment le cas des transhumanistes).

Si la technique est inhérente à l'être humain, une posture critique par rapport aux avancées et aux technologies semble cependant salutaire dans bon nombre de cas. **La veille de l'État et de la société civile est en ce sens primordiale**. Les actions de recherche, de communication et de minimisation des impacts du numérique entrent dans ce cadre et doivent être pensées au bénéfice de l'ensemble de la population.

Ils s'engagent

ADEME

C'est l'Agence de l'environnement et de la maîtrise de l'énergie. Elle a pour mission d'accompagner, de mobiliser, de financer et de fournir une expertise en matière d'environnement. Sur leur site, vous pouvez accéder à de nombreuses publications présentant des conseils pour réduire votre impact numérique.

LA FRESQUE DU NUMÉRIQUE

La Fresque du numérique est un atelier ludique permettant de comprendre en équipe les enjeux environnementaux du numérique. Elle utilise la même pédagogie que La Fresque du climat, plus connue. Des ateliers sont organisés dans de nombreuses villes. S'il n'y en a pas près de chez vous, vous pouvez y participer en ligne. Renseignez-vous !

GREEN IT

Il s'agit d'une association regroupant des experts en sobriété numérique. C'est Frédéric Bordage qui fut à l'initiative de sa création en 2004. Sur le site, vous pouvez trouver de nombreuses informations pour aller plus loin dans votredémarche. Ce collectif propose également des formations. Le Club Green IT est à l'origine de la fondation de l'Institut du numérique responsable.

ECOINFO

C'est un groupement de services du CNRS qui travaille sur les impacts environnementaux du numérique.

HOP (HALTE À L'OBSOLESCENCE PROGRAMMÉE)

Hop est une association qui œuvre pour des produits plus durables et réparables. Elle a du pain sur la planche dans le domaine du numérique !

THE SHIFT PROJECT

Tout comme Green IT, The Shift Project est un *think tank*. Il travaille pour « libérer l'économie de la contrainte carbone ». The Shift Project est notamment à l'origine de l'application gratuite Mobile Carbonalyser, que vous pouvez installer sur votre téléphone portable pour mieux connaître l'impact de l'usage que vous en faites.

DESIGNERS ÉTHIQUES

Il s'agit d'une association de recherche et d'action autour de la conception responsable et durable. Créée en 2016, elle propose notamment des conférences disponibles en ligne. Elle s'inscrit dans le courant du minimalisme informatique.

Les politiques publiques en France

Grâce au travail important de la société civile, la politique française s'empare peu à peu des enjeux environnementaux liés aux nouvelles technologies.

Une loi visant à réduire l'empreinte environnementale du numérique a été promulguée en France en novembre 2021. Elle a le mérite de proposer un certain nombre d'avancées, entre autres :

- **Le lancement du programme So. Num** pour sensibiliser et former les usagers à la sobriété numérique.
- **La création d'un « Observatoire des impacts environnementaux du numérique »,** sous la responsabilité de l'Ademe et de l'Arcep (il réalise un travail d'analyse des pratiques et des impacts).
- **L'obligation pour les fournisseurs d'accès à Internet de dissocier le montant payé pour les services de celui payé pour un nouveau téléphone portable** (dans les offres qui associent l'achat d'un smartphone à la souscription d'un forfait mobile).

L'obligation pour les communes et les intercommunalités de plus de 50 000 habitants d'élaborer une stratégie numérique responsable*.

Le chemin pour atteindre la sobriété numérique reste cependant encore très long et parsemé d'obstacles.
Des propositions plus ambitieuses sont d'ailleurs portées par certains *think tanks*. Voici quelques pistes à étudier :

Ne plus proposer de forfaits mais payer en fonction de la consommation réelle de données. À l'heure actuelle, les fournisseurs proposent des services gratuits aux utilisateurs (recherche sur Google par exemple), qu'ils peuvent fournir en « vendant » leur clientèle à d'autres entreprises (grâce aux publicités qui apparaissent à l'écran par exemple). De là vient la célèbre phrase : « Si c'est gratuit, c'est que vous êtes le produit ». Payer sa consommation de données permettrait de contrecarrer les pratiques visant à créer de l'addiction pour augmenter le temps passé devant certaines applications, plates-formes ou moteurs de recherche et donc la quantité de données générées.

Imposer aux acteurs une certification numérique prenant en compte l'ensemble des impacts (liés aux services sous-traités, à la fabrication, aux choix des architectures, aux choix logiciels, etc.).

N'autoriser que les technologies connectées jugées pertinentes et réellement utiles.

Le principal débat reste sur la table : est-il nécessaire d'imposer cette sobriété (au moyen d'un passeport carbone, par exemple) ou est-il préférable de procéder uniquement par incitations (économiques, par exemple) ?

Quel est votre avis sur la question ?

* L'intégralité du texte de loi est disponible sur :

Chiffres clés

17

C'est le nombre de métaux faisant partie des terres rares (voir p. 32-33).

10,3%

C'est la part de la consommation électrique due au numérique en France (voir p. 82-83).

5 heures

C'est la durée moyenne quotidienne qu'un Français a passée devant un écran en 2019 (voir p. 46-47).

65%

C'est au minimum le pourcentage des impacts du numérique imputables aux terminaux (voir p. 16-17).

2,5 %

C'est la part de l'empreinte carbone due au numérique en France (voir p. 42-43).

64 000 000 000 000 000

C'est une estimation du nombre d'octets qui ont circulé en 2020 dans le monde (voir p. 52-53).

Notes bibliographiques

1 • Ademe, 2022. *En route vers la sobriété numérique.*

2 • Green IT, 2019. *Empreinte environnementale du numérique mondial.*

3 • Gartner, 2022. *Worldwide Smartphone Sales to End Users by Vendor in 2021.*

4 • Arcep et Arcom, 2022. *Référentiel des usages numériques.*

5 • Ademe et Arcep, 2022. *Évaluation de l'impact environnemental du numérique en France et analyse prospective.*

6 • Ademe, 2019. *Les impacts du smartphone.*

7 • Dedryver L., 2020. *La consommation de métaux du numérique : un secteur loin d'être dématérialisé.*

8 • BRGM, 2022. *Les terres rares*, Dossier enjeux de géosciences.

9 • Arcep, 2021. *Renouvellement des terminaux mobiles et pratiques commerciales de distribution.*

10 • Equiterre, 2018. *Obsolescence des appareils électroménagers et électroniques : quel rôle pour le consommateur ?*

11 • Le Monde avec AFP, 2020. « Une amende de 25 millions d'euros infligée à Apple pour pratique commerciale trompeuse en France », *Le Monde*, 7 février 2020.

12 • The Shift Project, 2018. *Lean ICT : pour une sobriété numérique.*

13 • Schmidt-Bleek F., cité dans Blandin M.-C., 2016. *Rapport d´information fait au nom de la mission d'information sur l'inventaire et le devenir des matériaux et composants des téléphones mobiles.*

14 • Bontron C., 2012. En Chine les terres rares tuent des villages, *Le monde*, 19 juillet 2012.

15 • Louison F., Seingier H., 2022. Quand Internet bétonne la France, *Zadig*.

16 • International Telecommunication Union, 2022. *Internet surge slows, leaving 2.7 billion people offline in 2022.*

17 • Mouron P., 2020. *Données personnelles – Les risques des Smart Cities.*

18 • Ademe, 2022. *Numérique responsable : et si nous adoptions les bons réflexes ?*

19 • https://eco-conception.designersethiques.org/guide/fr/

REMERCIEMENTS

Je remercie Monique Carli, octogénaire dynamique et accueillante, qui m'a offert la tranquillité et la déconnexion nécessaires à l'écriture de ce livre.
Un grand merci également à ma sœur, pour son soutien de tous les jours.
Enfin, ce livre a été écrit sur l'air d'« Un monde nouveau » de Feu ! Chatterton ; merci à eux !

Responsable éditoriale : Stéphanie Zweifel
Suivi éditorial : Caroline Bouchet
Graphisme : Grégory Bricout
Préparation de copie : Sabine Kuentz
Relecture sur épreuves : Caroline Bouchet

ISBN : 978-2-603-02932-9
Dépôt légal : avril 2023
Photogravure : IGS-CP
Achevé d'imprimer en mars 2023
sur les presses de Estimprim
Imprimé en France

MIXTE
Papier issu de sources responsables
FSC® C016827